湛庐CHEERS

与最聪明的人共同进化

HERE COMES EVERYBODY

THE POWER OF EXPERIMENTS

测试的力量

[英] 迈克尔·卢卡
[加] 马克斯·巴泽曼 著
Michael Luca
Max H. Bazerman

车品觉 译

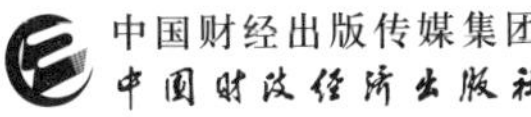

测试推动科学增长

张溪梦
GrowingIO 创始人兼首席执行官
领英前商业分析高级总监

在《测试的力量》中，迈克尔·卢卡和马克斯·巴泽曼阐释了测试在数据驱动的世界中帮助制定决策的重要性。这本书以事实、数据和测试为基石，通过一系列的案例，给读者提供了一套系统和科学的方法论来回答商业世界中的复杂问题，而不是仅仅让人们凭借主观"直觉"和"经验"或者“层级高低”来做所有的判断。

在过去一年里，你觉得自己参与了多少次随机对照测试？可能大部分人都认为自己参加测试的次数为零。实际上，如果你在头条上读过新闻、登录过微信、在百度上进行过搜索、在抖音上观看过短视频，那么你极可能在不知情的情况下参与了各种旨在测试不同在线体验影响的实验（也称为随机对照测试）。随机对照测试旨在通过将你和其他参与者（通常称为被试）随机分配到各种条件下来测试不同的影响。除非你住的地方没有互联网，否则你很有可能已经在过去的一年里参加了很多次测试。测试管理曾经是学术研究领域里一个深奥的主题。在微软、谷歌、领英等顶尖的互联网企业，往往会由高阶主管甚至副总裁级别的管理者来负责这部分内容。在以数字化业务为主的科技行业中，如果没能事先通过测试来了解迭代将如何影响用户行为，一个真正合格的企业是不敢对其平台进行重大更新的。

成功的测试能够帮助一个企业提升运营效率，减少不必要的预算和浪费。本书中有大量基于事实的案例。很荣幸的是，我在硅谷工作期间，曾经参与过本书中提到的某些分析项目和业务研究。作者提到，成功的测试可以为公司节省大量的资金。当时我正好在 eBay 的网站分析部门工作，其中一个主要的业务就是分析 eBay 在互联网广告平台（特别是搜索引擎上）每年投入的大量营销费用所产生的结果——eBay 的领导高层想要了解这些花费是否为这家当时世界上最大的电子商务交易平台创造了增量的商业价值。这个数据分析项目是非常艰巨和复杂的，分析团队需要考虑的影响因素非常多。eBay 当时是谷歌全球最大的客户，每天，谷歌搜索结果产生的关键字广告为 eBay 带来了巨大的流量，此外两家企业还有错综复杂的业务协作关系。然而，通过实验设计和大量的测试以及数据分析，整个分析团队和运营部门根据分析结果帮公司从年度广告预算中削减了 5000 万美元，同时没有显著影响 eBay 的 GMV（商品交易总额）、营收和 Take Rate（交易提成率）。

成功的测试还能帮助一个企业在营收上实现大幅度增长，并且不会严重损害用户体验。例如，我在领英工作的时候，当时市场营销部门实际上在做大量的营销和推广活动。市场营销 VP 曾问过一个尖锐的问题："我如何能够知道整个团队做的这一系列的市场和营销活动，哪部分才是真正有效的？"在当时，电子邮件和手机 App 的推送是领英用来与用户沟通的两个主要的离线渠道。那时，我们通过对将近 1 亿会员的用户行为分析，精准找到了哪些人群会对付费的会员权益感兴趣，于是我们对付费会员体系进行了非常仔细的测试设计并制定了数据驱动的策略。

当时，作为以营收增长为核心的商业分析部的负责人，我组织数据科学团队、市场营销部门以及产品部设计了非常精密的测试机制和数据分析策略，通过更科学地利用数据，找出了更好的方案，努力实现用户的利益最大化。我们时常要在利益（信息被阅读了以及有效的用户交互和购买）和风险（信息被忽略或者被当成垃圾邮件处理甚至退订）中进行一系列的权衡。后来，我们进行了超过 10 万次的实验，便在领英不同的业务单元建立了 A/B 测试平台——XLNT。

当下，在国内，无论是企业还是政府都在进行如火如荼的数字化转型，这本书涵盖了在商业和工业中进行的关键测试以及它如何影响经营和管理目标。实验是对数据和测试的直觉的补充。测试有助于达成关键目标，例如验证理论、理解影响大小、评估政策或产品、探索业务等。本书为读者讲解了如何使用一系列测试来创建能导出更好结果的框架，希望读者们能够在未来的业务中更多地做出数据化决策，实现科学增长。

测试不仅是一种方法，还是新的思维方式

自 1996 年开始，我一直醉心于互联网的工作。当时作为一名产品经理，我喜欢通过数据分析来决定开发及修改哪项功能。我跟朋友开玩笑说，没有数据支撑，我就无法正常工作了。那个时候，没有数据管理的理念，收集整理好用户浏览的数据，需要耗费不少精力，而且还会经常面对在残缺不全的数据中寻找结论的局面。随着互联网的出现，产品管理得到了很大的改进，其中，产品经理必备的 A/B 测试，就是对本书提出的观点的一个很典型的验证。传统意义上的测试，除了成本较高外，还存在迭代缓慢的问题。最关键的是，近年来互联网被广泛使用，有利于加强线上测试的人数覆盖，也更容易收集数据。近十年互联网行业的高速增长，与快速的产品迭代有密切关系，而在线

测试配合数据学习的技能已经成为提升未来商业竞争力必备的要素。

上文所述的是业务决策可测试化，但我需要强调的是，在大数据的理念下，测试其实时时刻刻都在主动发生。例如，淘宝网几乎每日都有无数的“意外”：春节假期路上堵车时，用户会在淘宝网买些年货；某小区意外停电之后，用户会在淘宝网上买些关联产品。这些测试并不需要大费周章来准备，只等大家用心地从大数据中挖掘出来。

本书作者对测试的由来及发展做了一个详细的介绍，内容深入浅出，案例生动鲜活。更让人眼前一亮的是，税务部门居然也利用测试的方式，成功追讨了大量欠款，这充分说明测试不仅是一种方法，还是新的思维方式。虽然测试的力量很强大，然而没有人希望成为测试的牺牲品，其中涉及的道德伦理问题也值得我们思考。

车品觉

2022 年 2 月

序　言

揭开测试的神秘面纱

在过去的一年里，你觉得自己参加了多少次测试？我们说的是随机对照测试。此类测试往往将你和其他参与者（通常称为被试）随机分组，对不同组设计不同的测试方案，目的是分析不同测试方案的影响。比如你参与的心理测试或者试用某种药物，这些都是可以归类为我们所说的随机对照测试。

那么，你到底参加了多少次测试？乍一想，你可能认为答案是零。然而，除非你住的地方没有互联网，否则你很有可能已经在过去的一年里参加了很多次测试。如果你登录Facebook[①]，浏览“新闻推送”（News Feed），观看广告，那么有可能你已经在不知情的情况

① 2021年10月29日，Facebook已正式宣布更名为“Meta”，本书遵循原版，仍保留原名。——编者注

下成为 Facebook 各种测试的被试。如果你在 Google 上搜索某件商品，在奈飞上观看某部电影，填写电子邮件中的调查问卷，或者打电话给某家公司寻求售后服务，那么你也可能已经成为他们的被试。

时至今日，随机对照测试已经褪去了作为学术研究工具的神秘面纱而成为主流。以前，测试方法可能与管理工具风马牛不相及。如今，Google 等公司会首先在它们的平台上，通过测试来了解决策的重大改变对用户行为的影响，继而做出实质性改变和应对。从初创公司到跨国集团，再到政府部门，各类组织机构拥有了一种新的测试框架和测试方法，以了解自身产品和服务的效果。

我们正处于测试时代的早期阶段。测试可以帮助我们基于证据作出决策，从而弥补直觉和猜测带来的不足。我们已经看到，许多测试为组织机构带来了巨大回报。例如，一个简单的测试就让 eBay 发现它每年浪费的广告费达数百万美元。测试所带来的结论大部分都会产生积极的影响：政府利用测试结果来更好地设计和提供服务；企业利用测试结果来改善其人力资源的分配，提供更好的产品。如果测试设计得当、监督得力，也会对员工、顾客和民众有利。我们将着重讨论从测试中获得的成功经验和启示。

与此同时，我们也发现很多测试由于执行或解读不当，导致结论具有误导性或者使人们的时间和精力付之东流。即使在最理想的情况下，测试的设计和解读也不是一件易事，需要管理上的判断。例如，美国知名健身品牌 24 Hour Fitness 通过测试来寻找提高健身房使用率的方法。他们发现，许多干预措施在短期内可以提高健身房使用率，而在几个月后，这些措施的效果往往会大打折扣。

设计和解读测试颇具挑战性，需要一些特定的技能。在测试时代，有效的管理者越来越需要借助一些设计好的分析框架，以完成测试结果到管理决策的过渡。本书将帮助管理者开发和总结出一些原则，充分利用测试的结果。

测试也会引起客户和政策制定者的忧虑。其中的重要原因在于，测试及其结果主要存储在企业数据库中，不被公众所知悉，而且有可能会被用于未知的目的。测试给人以复杂的、有侵略性的、能操控他人的感觉。当人们意识到自己在完全不知情的情况下经常参与测试时，这样的感觉尤为强烈。因为某些企业的测试可能对企业有利，但对客户不利。我们将在本书中看到，全球最大的门票交易网站进行了一项测试，测试结果显示网站应该在客户订单生成前的最后一步才提示门票的附加费用，而不是一开始就公布全部价格。这项测试对该公司的价值显而易见，但对客户未必是有益的。

无论如何，测试始终是一种工具，既可为善，也可为恶，这取决于进行测试的主体是谁，他们的目的是什么，他们对测试“奏效”是如何定义的。我们为测试的潜在风险而担忧，但更为测试方法的无限前景感到振奋不已。因此，我们撰写本书是为了阐释测试的历史进程及其作用和影响，包括测试带来的洞见以及它们对公共话语的影响。我们的目标是帮助读者了解测试的价值，避开常见的陷阱。测试有时的确令人闻之色变，而本书将带领读者拨开迷雾，揭开测试方法的神秘面纱。

在第一部分，我们将对测试的潜能和导致测试行为激增的影响因素进行广泛讨论。在此过程中，我们将介绍测试革命的发展史，包括已知最早的测试、科学方法的进步、社会科学测试室和田野调查的兴起，以及近期公司和政府大量涌现的测试。在第二部分，我们将阐释测试在科技行业的核心作用，从爱彼迎、优步和 eBay 等公司的一系列著名测试中获取启示和最佳实践。除了科技领域，在第三部分，我们将研究组织机构的行为实验是如何帮助阐明健康、教育和财务决策的，以使流程和产品更好地解释人类行为中的许多奇特现象。

本书将为你详细介绍企业和政府所进行的那些测试的类型，以及基于测试结果做出的决策。我们还将讨论可以从测试中获得哪些洞见，以及测试在何时何地最有用。我们的目的是阐明测试在人们工作、生活中所扮演的角色。总之，希望本书能让你领略到测试的力量。

目　录

第一部分　测试的革命

第三部分 用测试开启更好的未来

你拥有测试思维吗？

扫码鉴别正版图书
获取您的专属福利

- 以下不是马克斯·巴泽曼的著作的是（　　）

  A.《哈佛经典谈判术》

  B.《思考，快与慢》

  C.《信息背后的信息》

  D.《测试的力量》

扫码获取全部测试题及答案
看你是否拥有测试思维

- 在对具体被试做实验或测试前，必须仔细思考想要解决的问题，这种说法正确吗？（　　）

  A. 正确

  B. 错误

- 以下属于科学范畴的是（　　）

  A. 催眠术

  B. 颅相学

  C. 灵学

  D. 实验心理学

扫描左侧二维码查看本书更多测试题

THE POWER OF EXPERIMENTS

第一部分

测试的革命

The Power of Experiments

第 1 章

测试的潜能

THE POWER OF EXPERIMENTS

品觉导读

由古至今，人类的进步离不开在错误中学习，但正式把“试错”作为学问去研究，应该是近一百年内的行为。本章将以英国皇家税务与海关总署如何运用试错的方式追回税务欠款作为引例，为你打开测试的大门。测试作为一种创新的力量，在今天已经成为众多互联网企业获得成功的关键利器，是数字化转型中必须学习的一课

税务实验，测试最有效的措辞

英国皇家税务与海关总署（HMRC）为确保人们按时纳税做出了许多努力。然而，每年的欠缴税款仍然多达数百亿英镑。如果某人未及时缴纳税款，政府会向他发送一封提醒函。原则上，政府还可以采取其他做法，例如，将他告上法庭或者扣发其工资。但是，这种做法对所有人来说都代价高昂且十分不便，所以税务机关希望纳税人能够简单地通过补缴税款的方式来回应这封提醒函。

虽然英国皇家税务与海关总署并未对外公布过发给欠税者的原版提醒函，但根据过往经验，内容是类似这样的：

> 亲爱的 ××，我们写信通知您，目前我们仍未收到您应缴纳的 ___ 英镑税款。请您务必尽快与我们联系。
>
> 联系方式：______________
>
> 英国皇家税务与海关总署

虽然最初写提醒函的人现在已经不在了，但提醒函的格式被保留下来，如同科学怪人[①]一样。英国皇家税务与海关总署年复一年地写着同样的提醒函，寄给英国的每一个欠税者。但许多人无视政府的提醒，照旧过着自己的日子。如同企业或政府中存在的许多不健全的机制一样，没有人知道为什么这种拙劣的提醒函机制仍然存在，甚至根本没有意识到它是如此拙劣。然而，收信人不把这封信函当回事的原因却是显而易见的。对于任务繁杂的税务人员来说，向欠税者发送提醒函却像看牙医一样有趣。

2010 年，在英国政府内部，8 名社会科学家和公务员组成了一个行为洞察团队（Behavioural Insights Team，简称 BIT）。组建这支团队的想法来源于从学者转行为公务员的戴维·哈尔彭（David Halpern）和头脑灵活、雄心勃勃的公务员欧文·瑟维斯（Owain Service）。他们的使命是利用行为科学来改善政府的决策和治理方式。即使没有被正式授权，也没有合作伙伴，这个团队依然努力工作，提出许多想法。英国皇家税务与海关总署眼中的管理问题被行为洞察团队视为机会。该团队认为，最理想的切入点就是把提醒函中最无聊的成分去掉，然后融入一些行为科学技巧，以激发纳税人的纳税积极性。你可能会质疑，提醒函的措辞能有多重要？哈尔彭的机智在于他意识到，他们可以用行动来找到答案，而非绞尽脑汁地思考措辞重写提醒函。

哈尔彭努力说服英国政府的税务人员允许他们重新设计提醒函，并开展一项实验来评估重写的效果。这项实验已经酝酿了多年。2007 年，在行为洞察团队成立之前、哈尔彭提出这个创意之后，哈

① 英国作家玛丽·雪莱的小说《弗兰肯斯坦》中的人物。——编者注

尔彭把著名的社会心理学家罗伯特·西奥迪尼（Robert Cialdini）[①]带到英国首相官邸，汇报了西奥迪尼的研究成果，也为将行为洞察引入政策领域带来了希望。于是，英国皇家税务与海关总署开始与西奥迪尼合作，重新设计提醒函。

哈尔彭向英国皇家税务与海关总署阐述了实验细节，并说明了开展实验来评估重新设计提醒函的重要性。为了说服对方，他提议让英国皇家税务与海关总署的一名全职工作人员参与实验。这样一来，税务部门就拥有了实验的操作控制权，确保实验数据不会脱离英国皇家税务与海关总署的掌控。那名工作人员就是迈克尔·霍尔斯沃思（Michael Hallsworth），他最终获得了经济学博士学位，并发表了这项税务实验的部分结果。

在第一组实验中，实验人员挑中一组纳税人，向他们发送提醒函。实验人员把未经修改的原版信函发送给随机挑选的一组纳税人，把经过略微修改的新版本发送给另一组纳税人。新版提醒函在原版的基础上增添了一句话："到目前为止，您所在城市中 90% 的居民已经缴纳税款。"这句话带来了显著效果，纳税者的比例从 35.8% 提高到 37.8%。升幅看起来不大，但如果将范围扩大到所有欠税者，这相当于增加了数百万英镑的税款。

霍尔斯沃思和行为洞察团队又测试了多种样式的欠税提醒函。在一组实验中，他们测试了五种话术的效果。这五句话就像是人们初次

① 罗伯特·西奥迪尼被称为"影响力教父"，是知名的社会心理学家、全球知名说服力研究权威。他的代表性著作《影响力（经典版）》已由湛庐策划，北京联合出版公司 2016 年出版，全新升级版已于 2021 年推出。——编者注

见面时最无关紧要的寒暄：

基本规范	“90% 的人按时纳税。”
国家规范	“在英国，90% 的人按时纳税。”
少数派规范	“在英国，90% 的人按时纳税，您目前是尚未缴纳税款的极少数人之一。”
获得公共利益	“纳税意味着我们所有人都能享受到医疗、交通和教育等至关重要的公共服务。”
失去公共利益	“不纳税意味着我们所有人都无法享受到医疗、交通和教育等至关重要的公共服务。”

以上每句话都被发送给英格兰、威尔士和北爱尔兰的大约 1.7 万人。在我们把结果告诉你之前，请拿起笔，写下你认为效果最好的那句话。

在这些信息中，“少数派规范”效果最好，但是五条信息都比原版提醒函有效。英国皇家税务与海关总署通过发送少数派规范提醒函收到了 190 万英镑税款。如果这次实验发出的所有信函都使用少数派规范，那么英国皇家税务与海关总署将收到 1 130 万英镑的税款。这封提醒函使更多的税款得以更及时地被征收。其他实验发现，“您所在地区的大多数人都按时纳税”或者“欠税额与您差不多的大多数人现在已经缴纳税款”等陈述方式可以使提醒函更有效。另外，在信函中直呼纳税人名字也会带来更好的效果，比如“亲爱的约翰”。

霍尔斯沃思在英国皇家税务与海关总署花了很多时间来撰写和测

试不同样式的提醒函。他测试了简短的信函和较长的信函，结果是简短的信函更有效，还测试了语气亲和的信函和措辞刻薄的信函，结果是措辞刻薄的信函效果不错，但可能会引发民众抗议。测试还在持续进行。虽然我们没有问过他，但可以想象，霍尔斯沃思已经把这些见解用到了他生活的其他方面。比如在写给妻子的简短情书中，他可能使用了包含行为科学的语句，比如"我对你的爱超过了 90% 的丈夫对他们妻子的爱"。

显然，英国皇家税务与海关总署的原版提醒函并没有帮助税务部门收回数千万英镑的税款，然而只对这封被长期无视的信函的言辞进行了略微修改，欠缴税款就逐渐被收回来了。在做了以上这些初步测试后，英国皇家税务与海关总署变得乐于采用测试性方法，并对细节格外关注。现在，英国皇家税务与海关总署建立了自己的行为洞察团队，继续开展实验。该团队已经对这些实验哪些有效、哪些无效以及哪些会起反作用有了深入了解。通过不断实验，英国皇家税务与海关总署避免了因为一封拙劣的信函而收不到税款。

与此同时，哈尔彭和瑟维斯的行为洞察团队迅速成为政策领域的热门话题。该团队开始利用行为实验来帮助解决英国公共管理上的某些顽疾。5 年时间里，行为洞察团队在学校进行实验，以降低辍学率；在就业中心进行实验，帮助人们找到工作；在医院进行实验，让更多患者主动就医。截至 2018 年，行为洞察团队已开展了 500 多次随机对照测试，其方法已推广到世界各地。我们都是该团队的学术顾问委员会成员，对行为洞察团队获得成就以及实验性方法在全球范围内获得成果感到由衷的欣慰。

在著名的英国皇家税务与海关总署欠税提醒函案例研究之后，利用行为洞察来帮助改善政府工作的方法迅速风靡全球，类似的团队如雨后春笋般在世界各地涌现。现在有数十支像行为洞察团队这样的团队正在政府内部开展实验，对各种想法进行接近实时的测试。本书将在后文继续探讨。

行为洞察团队欠税提醒函测试证明，即使组织机构初次接触某项实验，哪怕测试采取最简单的形式（修改信函中的一句话），测试性思维也具有巨大的价值。然而，我们仍然处于测试时代的早期阶段。尽管这一简单又成功的实验已经提供了模式，但大多数的政府税务部门仍然没有通过实验来测试税收方法的有效性。

对于行为洞察团队来说，最重要的一点，也许在于英国皇家税务与海关总署欠税提醒函实验向那些持怀疑态度的利益相关者证明了该团队的价值。其实，其他国家许多新设立的行为洞察团队已经开展了税收实验，展示了他们的能力。这说明测试性思维可以发挥的一个重要作用：证明新产品或新服务的价值。越来越多的非营利组织和初创公司都选择通过测试来评估核心产品，以此向利益相关者展示它们的价值。如果测试证明它们没有创造价值，那就改弦易辙！

与测试有关的非正式概念

在本书中，我们将讲述各种各样的故事来说明组织机构应该开展测试的理由，以及如何才能充分利用这些测试。我们不会深入探讨测试统计的技术细节，因为已经有专门的教科书做过论述。在开始讨论之前，我们列出了在本书中出现的一些与测试有关的非正式概念，表1-1 以欠税提醒函的例子加以说明。

表 1-1　与测试有关的非正式概念

概念	定义	在行为洞察团队的案例中
对照组	该组作为与测试组进行比较的基础	收到没有增添新内容的原版欠税提醒函的小组
测试组	这些小组中的测试参与者将被施加额外的处理方案（相对于对照组被施加的处理方案）。随机对照测试可能有一个或多个测试组	收到增添了各种社会规范信息的新版欠税提醒函的小组
自变量	你试图衡量其影响的变量	欠税提醒函的不同内容（例如，代表是否包含某一社会规范信息的变量）
因变量	你感兴趣的结果	收信人是否按时纳税。其他的因变量可能包括缴纳的金额或纳税人是否对信函提出投诉
平均处理效应	对总体被试施加处理方案的平均效应。在测试的特定条件下，这可以通过比较测试组和对照组的平均结果得出结论	就欠税提醒函测试的被试而言，处理效应 = 纳税率（测试组）- 纳税率（对照组）=35.1%-33.6%=1.5% 平均来看，增添的新内容在测试期间使欠税补缴率提高了 1.5%

测试，医学界最常采用的方法

《但以理书》，最早的测试

行为洞察团队在将测试性思维引入政府部门方面发挥了重要作用，但这并不代表他们开创了测试性思维。但以理通常被认为是最早的测试主义者。

人们普遍认为，写于公元前 167 年至公元前 164 年的《但以理书》，讲述了巴比伦国王尼布甲尼撒攻打耶路撒冷，俘虏以色列人，并将他们带回巴比伦的故事。尼布甲尼撒挑选了英俊、聪明、健康的囚犯接受训练，好让他们在王宫里服役。遵照尼布甲尼撒的命令，这些囚犯在 3 年时间内要学习巴比伦语，并享用与王宫成员相同的酒食。但囚犯之一的但以理为了不让王宫的酒食“玷污”自己，请求负责看管他和他三个朋友的守卫在 10 天内只给他们提供蔬菜和水，并表示：“将我们跟那些吃王宫食物的年轻人进行比较，根据面貌气色来决定最终谁能入宫服役。”守卫同意了，于是这个临时的测试开始了。

10 天后，守卫认为但以理和他的朋友比那些吃王宫食物的人看起来更健康强壮。因此，在 3 年的训练期内，他们能够继续遵循他们健康的生活方式。据说，这些人在此期间深入学习了文学和哲学，在其他方面也得到了很大的提高。3 年期满后，这 4 个人凭借杰出的学识，给国王尼布甲尼撒留下了深刻印象。国王最终选择了但以理和他的素食伙伴们，而没有挑选杂食者。如今，素食主义者可能不会对这一胜利感到惊讶。

但以理似乎已经勾勒出了如今临床测试的最初轮廓：他选择自己和他的朋友们作为自愿参加测试的人类被试，将巴比伦王宫成员作为对照组，以素食作为被测试的治疗效果。只不过，但以理的测试远远达不到现今的临床测试标准。现代测试将一组的结果与接受对照处理的另一组进行比较，两组人在同一时间段内进行登记、处理和跟踪记录。这些组可以通过随机分配或其他分配方法创建而成。相比之下，但以理研究的两种饮食方法可能并不相互排斥，因为巴比伦人的饮食也包括蔬菜和水；该测试不是随机的，因为干预组的人主动选择了自己和处理方案；干预组的样本量很小（4 个人），而对照组的样本量不明。最后，只有一个观察者（守卫）根据被试的外观而不是采用更客观的方法来衡量结果。

测试方法在医学界的快速演进

在但以理的测试之后，又过了 1 500 年，又出现了一个临床测试案例，其也被记录在册。16 世纪，巴累（Ambroise Paré）以“理发师外科医生”的身份服务了 4 位法国国王。理发师外科医生是中世纪一种令人毛骨悚然的医生职业，其工作包括理发，必要时还负责在战场上切除伤者的四肢。巴累写到，有一天他在战场上照顾士兵，平常用来烧灼伤口的滚油用完了，于是他转而使用当时身边能找到的东西——一种“由蛋黄油、玫瑰油和松节油制成的消化剂”。当晚，巴累辗转反侧，他担心那东西“有毒”，害怕没被烧灼过伤口的士兵因此而死亡。第二天，他一大早便起床查看，结果，他惊奇地发现，用自制消化剂进行治疗的士兵只是感觉“有点儿疼”，而那些用滚油进行治疗的士兵“剧痛难忍，伤口肿胀”。虽然巴累的这次意外测试在设计上算不上完美，却为寻找更好的感染治疗方法开创了新路。

200 年后，外科医生詹姆斯·林德（James Lind）进行了一项测试，有些人认为该测试是现代意义上的首次临床对照测试。1747 年，林德在一艘英国军舰上担任外科医生期间，安排了一项对照测试，以找出治疗维生素 C 缺乏病的最佳方法。当时维生素 C 缺乏病在船员中肆虐成灾。他挑选了 12 名“患有维生素 C 缺乏病”的水手，林德认为他们是自己能找到的最相似的病例——都有“牙龈腐烂、皮肤生斑、精神倦怠和四肢无力”的症状。而且，患者所吃食物相同，种类多样：早餐是加糖的稀粥，午餐是新鲜的羊肉汤，晚餐是“大麦和葡萄干、米饭和醋栗、西米和葡萄酒”，两餐之间还有清淡的布丁和煮饼干。林德将 12 名患者分成两人一组，对每组施加不同的处理方案。一组被要求每人每天喝大约一升的苹果酒；一组每次喝两勺醋，每日三次；另一组喝海水；还有一组每天吃两个橙子和一个柠檬；诸如此类。林德对患者进行观察，发现在大约一周之后，吃柑橘类水果的两名患者比其他人恢复得更好。这一发现只是万里长征走完了第一步。又过了 50 年，英国海军才把柠檬汁作为水手的必选食物。

1882 年，路易 · 巴斯德（Louis Pasteur）测试了疫苗的有效性，同时推广了对照测试的概念。巴斯德开创的理论认为，疾病的轻症形态可以使人对该疾病的重症形态产生免疫力。被认为是第一位反疫苗者的著名兽医伊波利特 · 罗西尼奥尔（Hippolyte Rossignol）公开质疑巴斯德对疫苗的早期研究成果。这两位杰出的科学家在巴黎南部的一个农场，展开了一场兼具比赛意味和测试性质的研究竞赛，引发广泛的关注。

记者们从法国各地赶赴测试现场，甚至从伦敦远道而来。在记者们的注视下，巴斯德为测试组的 25 只绵羊接种了炭疽疫苗，并选定另外 25 只羊作为对照组。然后，这 50 只羊都被注射了致命剂量的炭疽病毒。对决双方规定，巴斯德获胜的条件是对照组的羊全部死亡，而接种了疫苗的羊全部存活。与目前的统计方法相比，这是一个非常高的标准。不到两天，巴斯德便成为无可争议的赢家。接种了疫苗的羊依然健康，而对照组的 25 只羊全部死亡。对照组的概念由此诞生。但是，这个案例也表明以人道方式对待测试动物的理念还有很长的路要走。

在 20 世纪 20 年代的农业田野实验中，英国统计学家罗纳德 · 菲舍尔（Ronald Fisher）发明了一种统计测试方法，以弄清实验中的操作是否具有统计意义。他强调了对被试随机分组的重要性，并提出了一些至今依然常用的其他实验原则，包括重复（重复实验和测量，以减少变异来源导致的不确定性）和区组（将实验单元分配到相似的组，以减少不相关的变异来源）。

1946 年，为了研究一种新型抗生素链霉素对晚期肺结核患者的疗效，英国医学研究理事会进行了史上第一次随机对照临床实验。当时，链霉素的供给量非常有限，因此该理事会想要确定，相比于卧床休息，该药物是否更有利于结核病重症患者的康复。被试以随机抽样的方式被分入测试组或对照组，而研究人员以及每个月解读患者 X 光片的医生并不知道患者的处理方案分配情况。此外，由于可供使用的链霉素数量有限，科学家得以在不引起测试伦理质疑的前提下，不让对照组的患者接受其他可能会成功的治疗。测试结果表明，链霉素确实对结核病重症患者有益。链霉素至今仍然被用于治疗结核病和其他严重感染疾病，而这项研究的随机化处理方法成为标准的测试程序。

近几十年来，医学界一直是测试方法的早期采纳者。其进展并不顺利却在快速演进。以激素替代疗法（HRT）为例，1966 年，布鲁克林的妇科医生罗伯特·威尔逊（Robert Wilson）出版了著作《永久女性化》（*Feminine Forever*）。该书主要探讨了把雌激素作为长期药物，用于治疗女性因衰老而出现的健康问题。之前，女性服用雌激素只是为了暂时缓解潮热、出汗和更年期的其他不适症状。威尔逊认为，更年期是一种疾病，女性可以服用雌激素来补充因年龄增长而导致的女性卵巢内自然分泌激素的减少部分，以达到治疗的效果。基于这一观点，激素替代疗法，即服用处方雌激素作为预防措施由此诞生。

到 20 世纪 90 年代中期，美国心脏协会（AHA）、美国医师协会（ACP）和美国妇产科医师协会（ACOG）根据几项队列研究，尤其是大规模的护士健康研究的结果，建议把激素替代疗法作为长期疗法，用于治疗与女性衰老有关的疾病，如心脏病和骨质疏松症。在随后的 20 年里，许多医生不仅将激素替代疗法用于症状严重的更年期妇女，还将其作为预防措施，用于出现症状的其他女性。

但问题在于，这是对数据的错误解读。结果证明，激素替代疗法研究遇到了观测数据中的常见问题——选择性偏差。如果接受干预（例如，接受一种产品或一项服务）的对象与不接受干预的对象存在系统性差异，就会出现选择性偏差。在这种情况下，对接受干预和不接受干预的患者进行比较时，会将疗法本身的效果和因非随机分配而得到治疗的群体存在的潜在差异混为一谈。这会导致测试很难从相关数据中得出因果结论。就上述案例而言，接受激素替代疗法的女性更有可能拥有较高的社会经济地位，她们往往能获得更好的医疗服务，而这可能会以多种方式影响她们的健康决策和结果。例如，在观测分析中接受激素替代疗法的女性死于车祸的可能性更低，即使对各组的可观察差异进行对照也依然如此。

一项采用随机分配的激素替代疗法测试应运而生。哈佛医学院医生兼研究员琼·曼森（JoAnn Manson）是运用测试开展激素替代疗法疗效测试的主要研究人员之一。她和妇女健康倡议项目（WHI）的同事发现，测试结果在某些方面与观测数据相悖。这项测试表明，激素替代疗法实际上是提高了而不是降低了患心脏病的概率。测试结果震惊了整个医学界。许多医生对于激素替代疗法，从大量采用转变为完全不采用。这导致某些女性即使症状严重，也难以获得激素替代治疗。

这项测试不仅凸显了采用随机分配的重要性，还指出了一个事实：解读测试数据需要判断力以及对问题的深入了解。曼森等人的最新研究表明，医学界可能对上述测试结果反应过度，因为激素替代疗法所带来的罹患心脏病的风险较低，而 50 多岁的女性最有可能需要激素替代疗法来消除更年期症状。此外，激素替代疗法还有其他好处，比如降低骨折风险和罹患糖尿病的风险。随着时间的推移，临床指南已经发生了变化。医学界对可能存在的选择性偏差、测试价值、疗效复杂性以及根据测试数据做出决策所需的判断力都有了更深刻的认识。

测试成为各个领域的圭臬

如今，医学研究已然成为重要的社会事业。2010 年，美国国家卫生研究院（NIH）花费 107 亿美元用于医学研究，74 亿美元用于基因领域研究，60 亿美元用于疾病预防研究，58 亿美元用于癌症研究，57 亿美元用于生物技术研究。2012 年，美国的医学研究支出为 1 190 亿美元，占全球生物医学研究支出的 45%。而测试已经成为医学研究的重要组成部分。

人类寿命不断延长，这得益于循证医学的进步，其中包括研制出治疗及预防麻疹和脊髓灰质炎等疾病的疫苗，发明更有效的新型抗癌疗法，发现可以有效治疗多种疾病的抗生素，开发出治疗心血管疾病的他汀类药物，而这些都只是通过临床研究取得重大突破的几个例子。不可否认，测试已成为知识发展的重要推动力。

测试革命现在远远超出了医学的范畴。早在英国税务员以纳税人为对象做实验之前，心理学家就在实验室里做实验了。经济学家和其他社会科学家也开始在实验室里做实验，并将他们的实验延伸到现实世界的各个领域，包括政策和商业领域。测试正日益融入政府、科技公司和传统经济行业。许多大公司都已经进行了测试，如 Google、Facebook 和优步等科技巨头每年都会开展上万次的实验。

但我们注意到，组织机构在测试方面还处于起步阶段。很多时候，组织机构要继续依靠直觉而不是证据来做决策。我们倾向于相信自己的直觉，但实际上直觉往往是完全错误的。例如，休假期间，我的同事迈克有段时间习惯早上去某间星巴克餐厅的得来速窗口买咖啡，窗口前通常都有很多车辆排队等候。他想当然地认为，在得来速购餐比先停好车再到店内排队等待更快。大约一个月后，他决定测试自己的直觉是否准确，于是，他把自己那辆老旧的现代伊兰特汽车停进空车位，然后走进餐厅，结果发现里面……没什么人！（事后来看，那些空车位已经“提醒”过他直觉有误了。）他的错误直觉就这样被数据化的测试结果推翻。正式的测试同样用数据推翻直觉，但在很大程度上规模更大、方法更精准。

测试指南

THE POWER OF EXPERIMENTS

1. **即使组织机构初次接触某项测试，测试性思维也具有巨大的价值。**
2. **测试已成为知识发展的重要推动力。**
3. **关键行动：解读测试数据需要判断力以及对问题的深入了解。**

The Power of Experiments

第 2 章

测试在心理学和经济学领域的兴起

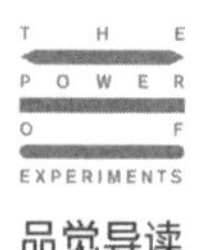

品觉导读

心理学家千方百计地从测试中了解人类如何做出决策，经济学家也希望凭借社会活动中的规律找出经济趋势。本章为读者介绍行为经济学的崛起，以及它是如何受到学术界重视的。大多数企业和政府仍然缺乏开展大规模测试所需的知识及技能，不过一部分领先的互联网企业早就发现了大数据时代的新趋势，而数据可用性的迅速提升为在线测试提供了前所未有的便利条件及效率效益

实验心理学，用测试理解人类决策的过程

正如大家所知，最早期的实验主义者大都专注于医学研究。但在过去的一个多世纪里，实验工作已经远远超出医学和自然科学的范畴，逐步扩展到社会科学、商业和政策领域。心理学作为早期运用实验方法的另一领域，极大地促进了行为实验的发展，例如，行为洞察团队的欠税提醒函实验。在本章中，我们将回顾部分实验方法和实验室在心理学领域的发展历史。然后，我们将探讨心理学在创建行为经济学领域方面所起到的核心作用，以及在最终创建行为政策机构方面扮演的核心角色。目前，全球各国的行为政策机构正在以惊人的规模开展实验。

实验心理学简史

众所周知，实验心理学起源于英国哲学家约翰·洛克（John Locke）的“心理哲学”。他在1690年出版的里程碑式著作《人类理解论》（*An Essay Concerning Human Understanding*）中写到，人类的心灵如同一张白纸，我们通过经验获取知识，人类并非生而知之。当时，这是非常激进的观点。洛克引发了心理学领域关于“先天与后天”的长期争论。第一批真正的实验心理学家就是以洛克的学说为基础开展研究的。但在此之前，历史上出现了一群伪科学家：催眠师、

颅相学家和灵学家。他们中的许多人走街串巷，四处宣扬他们的“旁门左道”。“你需要检查一下脑袋”，这样的告诫并非责备，而是善意的提醒，是在建议你向一位 19 世纪的颅相学家寻求帮助。

1879 年，德国心理学家威廉·冯特（Wilhelm Wundt）在莱比锡大学创立了世界上第一个心理学实验室。冯特在他的实验室里指导了 180 多名学生取得博士学位，并撰写了大量文章。19 世纪 70 年代，美国俄亥俄州安蒂奥克学院（Antioch College）哲学教授斯坦利·霍尔（G. Stanley Hall）对冯特的实验心理学产生了极大的兴趣。他在哈佛大学取得博士学位，并在那里结识了著名小说家亨利·詹姆斯（Henry James）的哥哥威廉·詹姆斯（William James）。威廉·詹姆斯是实验心理学的先驱，他认为实验室研究无法反映人类心灵的复杂性。1883 年，霍尔实现了从事科学研究的梦想，在约翰斯·霍普金斯大学开设了美国第一个心理学实验室。

19 世纪 90 年代，心理学实验室在美国各地纷纷涌现，旨在将自然科学的实验方法引入对人类心灵的研究。爱德华·布拉德福德·铁钦纳（Edward Bradford Titchener）是这一时期的著名学者，他想通过精心设计的、涉及“内省者”和“观察者”的实验来确定人类意识的结构。在长达 30 年的时间里，大学老师们自学铁钦纳的 4 卷本《实验心理学：实验室实践手册（1901—1905）》（*Experimental Psychology: A Manual of Laboratory Practice*，1901—1905），并向学生讲授基本的实验室方法和经典实验。

20 世纪上半叶最著名的心理学家弗洛伊德显然不是实验心理学发展的推动者。弗洛伊德的理论是建立在逸事观察的基础上，这就导致他的理论难以在实验室中进行验证，那些接受测试的理论往往也都不能成立。弗洛伊德没有采用当时蔚然兴起的实验方法，这使他成为科学界备受争议的人物。但是弗洛伊德伟大的思想深刻影响着随后的整个心理学研究领域。这些思想包括无意识过程塑造了人类的判断和行为，心理障碍植根于心理而不是身体，同时性冲动及行为等观点也值得深入研究。

1927 年，苏联科学家伊万·巴甫洛夫（Ivan Pavlov）通过研究唾液在消化过程中的作用，发现了经典条件反射（又称“巴甫洛夫条件反射”），它表明学习可以是被动的、无意识的过程。这个发现为约翰·沃森（John Watson）的行为主义理论奠定了基础。最终，行为主义理论在 20 世纪中期成为实验心理学的主要流派。沃森摒弃了早期心理学家对内省和意识的关注，并在 1913 年呼吁对心理学进行彻底的改革。他的目标是使心理学成为“自然科学中完全客观的实验分支”，理论焦点是“行为的预测和控制”。

B. F. 斯金纳（B. F. Skinner）是最著名的实验行为主义学者之一。他通过对老鼠和鸽子进行实验，发明了被称为“操作性条件反射”的学习方法。在该方法中，研究人员分别通过惩罚或奖励来阻止或鼓励特定的行为。行为主义学者描述了操作方法，并评估了实际行为。操作方法可能涉及不同的奖励概率，也许是给老鼠的食物或是给孩子的饼干。

由于无法观察到发生在头脑中的决策过程，因此行为主义学者不把决策过程看作科学过程的一部分。从行为主义学者的角度来看，不确定为什么老鼠或人类会避免接触已知会放电的物体，我们只知道一旦被那个物体电过，老鼠或人类就会害怕它，躲避它。正如下文所述，当代心理学家已经开创了深入评估行为的认知理由和根据的方法，这个方法本质上就是收集新的数据类型。例如，心理学家通过收集生理指标数据来获得更多的有关被试过激反应的客观证据，比如通过测量皮质醇来评估压力水平，测量睾酮来评估攻击性。脑成像技术，包括功能性磁共振成像的发展，也深刻地改变了心理学实验。这些方法是该领域的重大创新，并向所有的实验工作者表明，新的数据来源和数据收集方法可以产生新的洞见。就像心理学实验室里的实验人员寻求脑成像等新数据一样，企业和政府也在探索新数据，来帮助它们评估实验结果。

20 世纪 30 年代，库尔特·勒温（Kurt Lewin）等社会心理学先驱纷纷来到美国的大学。与此同时，社会心理学开始对人如何影响他人的思想、感受和行为进行实证研究，引发了大家的关注。勒温认为，人的行为是人与环境的函数。该观点的灵感来自他在欧洲受到的歧视和遇到的危险。这一观点对斯坦利·米尔格拉姆（Stanley Milgram）和菲利普·津巴多（Philip Zimbardo）①等著名社会心理学家的实验产生了巨大影响。

这些心理学家就从众心理和服从权威等课题开展了实验，其中部分实验是为了揭示第二次世界大战期间法西斯暴行的根源。例如，1961 年 7 月，米尔格拉姆进行了著名的服从权威实验，来测试普通人在多大程度上会服从对他人进行人身伤害的命令。当米尔格拉姆招募的被试来到耶鲁大学的实验室时（当时耶鲁大学内全是男性），遇到了一位实验人员和另一名被试，而他们实际上是同谋。用心理学的

① 菲利普·津巴多是当代著名心理学大师，曾荣获“心理学科学终身成就金奖”，被誉为“当代心理学的形象与声音”，其代表著作《津巴多口述史》的中文简体字版已由湛庐策划，由浙江教育出版社于 2021 年出版。——编者注

术语来说，同谋是实验人员指定在实验中扮演某个角色的演员，而被试对此并不知情。如今，心理学实验也经常利用欺骗手段来模拟在其他情况下很难创造的情境。

在米尔格拉姆的实验中，不明真相的被试扮演“老师”的角色，而同谋扮演“学生”的角色。老师和学生分别处于不同的房间，老师先被施加一次电击，以体验学生在实验中可能受到的疼痛。然后，老师被要求向学生传授单词，学生则通过按按钮的方式进行回答。如果学生回答错误，实验人员就会要求老师对学生施加电击惩罚，同时告诉老师，学生每答错一次，电压就会升高一次。而实际上，学生并没有被施加电击，但老师会听到学生对所谓的电击做出越来越痛苦的反应（其实是录音机里播放的声音），先是哭喊，然后是撞墙，有时甚至抱怨自己心脏出了问题。

到了这个时候，许多扮演老师的人都露出担忧的神情，请求停止实验，并要求对学生的身体状况进行检查。但实验人员只是向老师承诺，他们不用对学生的状况承担责任，并催促他们继续实验。尽管越来越焦虑不安，大多数老师还是选择继续施加所谓令人痛苦不堪的电击。即使在另一个房间的学生已经“陷入昏迷”，老师也并没有停止。精神科医生和非专业人士曾预测老师会反对施加高压电击，但出乎他们意料的是，65% 的老师都施加了 450 伏特的高压电击，这是实验中能达到的最高电压。该实验引发了巨大的争议。人们批评米尔格拉姆让被试面临巨大的精神压力，指责他没有告知被试真相，还有证据表明许多被试怀疑电击是伪造的，导致实验结果遭到了外界的质疑。

1971 年，斯坦福大学教授菲利普·津巴多（米尔格拉姆的高中好友）招募了 18 名斯坦福的学生参加一项为期两周的研究。其中 9

名学生莫名其妙地“被捕”，被关进了心理学大楼地下室的模拟监狱。在那里，他们被脱掉衣服搜身，剃光头发，消毒除虱，并领取了囚服和号牌，然后被其他 9 名扮演“狱警”角色的学生带到“牢房”。狱警们随身配有口哨和警棍，并且拥有除了肉体惩罚之外，可以随心所欲地对待囚犯的权力。

起初，囚犯嘲弄狱警，而当狱警为了彰显自己的权威，要求囚犯服从命令并施加锻炼等惩罚时，冲突爆发了。第二天早上，囚犯发动叛乱，他们脱掉囚服，用障碍物封锁牢房。狱警拎着灭火器喷射囚犯，冲进牢房，捣毁障碍物，并把发动叛乱的囚犯单独进行关押。这场实验变得越来越混乱，越来越令人不安，有些囚犯崩溃了，甚至还有一个囚犯绝食抗议。后来，津巴多本人亲口承认，他开始沉浸在自己的“监狱长”角色中，并对囚犯的痛苦视而不见。5 天后，他提前结束了实验，并对情况失控感到非常内疚。

实验结果残酷地表明，普通人可能更容易堕落，甚至连他们自己都嫌弃，却不愿意摆脱他们厌恶的局面。这项实验受到广泛批评，因为它不仅方法上有缺陷，包括津巴多本人参与实验以及缺乏明确的自变量和因变量，而且以不人道的方式对待被试。

许多早期的社会心理学实验已不再被允许开展，包括米尔格拉姆和津巴多的实验。20 世纪 70 年代，机构伦理审查委员会（IRB）在美国兴起，旨在保护人类被试免受身体和心理伤害。如今，美国法律强制要求在大学里设立机构伦理审查委员会，其职责是审查研究计划，进行风险收益分析，来决定是否批准实验。具体来说，机构伦理审查委员会会对拟开展的实验进行伦理道德和方式方法的审查，力求最大限度地保障被试的安全，并要求研究方提供被试自愿参与并完全知情的证据。但是，在知情、同意方面通常都有豁免规定。

在设计实验时，组织机构需要考虑到实验可能给被试带来的压力和伤害。实验也许不会对人的心理造成伤害，但仍有可能使一些人在实验期间处境糟糕。每当决策者考虑一项变革时，需要对改变所涉及的潜在风险和危害进行明确的讨论。变化和潜在危害越大，这种讨论就越重要。当然，这适用于所有的组织变化，而不仅仅是与实验有关的变化。实验的过程为组织机构提供了一个额外的契机，让它们可以静下心来，仔细思考学习的必要性和可能性，以及它们所做的改变可能带来的潜在危害。

最理想的情况是所做的任何改变对于被试和社会都是有益的。回到心理学实验的历史，政策制定者越来越多地引用实验结果来实施社会变革。在 1954 年奥利弗·布朗（Oliver Brown）诉堪萨斯州托皮卡（Topeka）教育委员会一案中，美国最高法院引用了心理学家玛米·克拉克（Mamie Clark）和肯尼思·克拉克（Kenneth Clark）夫妇在 1939 年和 1940 年进行的“玩偶研究”作为证据，证明公立学校的种族隔离对非裔美国儿童有害，应宣布其违宪。

后来，马扎林·巴纳吉（Mahzarin Banaji）和托尼·格林沃尔德（Tony Greenwald）率先开展的一项研究更深入地探索了人们对他人的内隐态度。他们使用计算机进行内隐联想测试（IAT），发现当人们第一次见到某人时，大脑会自动激活对此人所属种族、性别和年龄的刻板印象。在这项内隐联想测试中，被试通过敲击键盘上的特定键，迅速对屏幕上出现的事物进行分类。出现的事物来自以下四个类别之一：“白”“黑”“好”“坏”。布赖恩·诺塞克（Brian Nosek）、巴纳吉和格林沃尔德报告称，在访问了他们网站的美国白人中，大约 3/4 表现出了亲白人的内隐态度，即他们进行刻板印象分类（白 / 好；黑 / 坏）的速度比进行非刻板印象分类（黑 / 好；白 / 坏）的速度快。认为自己没有身份偏见的人往往会失望地发现，他们的内隐联想测试结果揭示了其带有偏见的内隐态度。

巴纳吉把这种普遍存在的态度称为“普通偏见”。之所以说“普通”，是因为刻板印象和偏见的表达涉及普通的心理过程，是由普通的学生和职业人士表现出来的。内隐联想测试已经成为一项对被试没有意识到的认知过程进行研究的最受关注的新技术。组织机构已经利用内隐联想测试来帮助克服和战胜自己的偏见。巴纳吉表示，她接触过的许多组织机构都认可世上存在偏见这一前提，但它们认为自己是公正的，直到它们对自己的员工进行内隐联想测试后才发现事实并不是这样。

内隐联想测试是一种简单的测试方法，它只能解释现实世界决策中的一小部分变化，但它的影响力非常大。已经有数千万人参加了不同版本的内隐联想测试，内隐偏见的概念已经为大众所接受。有证据表明我们可能并没有意识到自己存有偏见，而这一发现改变了当代社会有关身份的讨论。

在其他背景下，心理学家尝试了不同的技术和方法，以便更好地理解决策过程。例如，生理指标已经成为用来获得被试应激反应的客观证据的一种常见方法，比如通过测量皮质醇来评估压力水平，测量睾酮来评估攻击性。脑成像技术的发展，包括功能性磁共振成像，也对心理学实验产生了极大的影响。随着心理学聚焦于潜在的身体活动，许多应用型实验工作者开始选择在大学的专业学院（如商业、法律、医学和政策学院）、政府和私营部门工作。

实验经济学，用测试分析经济活动

心理学家想方设法利用实验室实验来理解人类决策过程中的细节，与此同时，经济学家也在利用实验来分析经济活动的因果关系方面不断取得进展。1983 年，经济学家爱德华·利默（Edward Leamer）在《美国经济评论》（*American Economic Review*）上发表了一篇颇具影响力的文章，他认为必须在经济学领域开展更深入的实证研究。他写道："几乎没有人认真对待数据分析。"经济学家接受了利默的观点。在他发表那篇文章之后的几十年里，经济学领域发生了翻天覆地的变化。经济学家做了他们经常做的事情——为了更好地理解经济活动，从其他学科领域寻找可用的方法并加以调整。其中最引人注目的是经济学家借鉴统计学领域的知识，开发了一套工具来研究经济活动中的因果关系。这在很大程度上是集中分析非实验数据的处理方式，其中也包括实验的方法。

两个重要的早期运动将实验方法引入经济学领域。一是利用大规模实验来阐明政府政策实际或潜在的影响，包括负所得税和免费医疗保险等政策；二是行为经济学和实验经济学的兴起。

经济学领域早期的实验在很大程度上是由雄心勃勃的研究生推动的，因为他们不受制于（也有可能只是单纯地不知道）经济学领域的各种条条框框。例如，1967 年，麻省理工学院经济学博士生希瑟·罗斯（Heather Ross）产生了一个想法：如果政府向低收入者提供补贴而不是向他们征税，后者会不会就不那么努力工作了？在平等机会办公室接受了她的想法之后，新泽西州收入维持实验由此开始。该实验挑选出一些低收入家庭，当他们的收入低于一定的标准时，就会获得补充收入。在马萨诸塞州剑桥市的另一边，哈佛大学博士生乔·纽豪斯（Joe Newhouse）在1974—1982年进行了一项耗资3亿美元的实验。该实验随机挑选出未参保的美国人，为他们提供医疗保险，共保率不尽相同。作为大规模社会实验时代的一部分，这两项实验雄心勃勃、耗资巨大，在管理和技术方面也非常复杂，但实验得出的结果很有意义。例如，纽豪斯的实验涉及大量的研究人员，他们来自不同的行业，涵盖从卫生政策到统计方法的诸多研究领域。这个实验项目十分复杂，需要在实验过程中不断创新方法。纽豪斯后来成为卫生经济学领域的奠基人之一，如今在哈佛大学担任教授。在这项实验进行了近50年后，它的结果仍然有助于我们了解保险经济学，并经常被学者、政策制定者和媒体引用。

像这般规模宏大的实验，我们希望越多越好，但这在过去很少见，将来也未必多见，不过现有的这些实验在政策领域已经发挥了很大的作用。Mathematica政策研究公司（Mathematica Policy Research，为罗斯的实验提供了支持）和兰德公司（RAND Corporation，为纽豪斯的实验提供了支持）等机构继续进行着意义非凡的实验，但大多数企业和政府仍然缺乏开展大规模实验所需的知识技能和高瞻远瞩。与此同时，这些实验预示了经济学领域目前发生的实验革命，数据可用性的迅速提高和实验成本的急剧下降为这场革命创造了有利条件。

就在罗斯和纽豪斯引领政策实验运动之际，学术界发生了第二场运动：行为经济学和实验经济学的兴起。得益于此，揭示经济学原理的实验不仅获得了一套新的工具，还引起了人们的强烈兴趣。

为了检验经济学理论，最早期的实验室实验通常研究人类行为在多大程度上反映了经济学模型的预测结果。这项研究使用人类被试进行实验室实验，该方法也在心理学领域得到了应用。1948年，哈佛大学教授爱德华·张伯伦（Edward Chamberlin）就通过实验方式检验了新古典完全竞争理论，利用实验来明确现有经济学理论的不足之处。1959 年，两位德国经济学家海因茨·绍尔曼（Heinz Sauermann）和赖因哈德·泽尔腾（Reinhard Selten，于 1994 年获得诺贝尔奖）发表了寡头垄断市场（由于供应商数量稀少而造成有限竞争局面的市场）中价格形成机制的实验研究成果。

20 世纪 50 年代，早期的博弈理论家也用简单的实验来检验他们的模型。心理学家悉尼·西格尔（Sidney Siegel）和经济学家劳伦斯·福雷克（Lawrence E. Fouraker）在 20 世纪 60 年代早期通过实验来研究讨价还价的行为。借助实验，经济学家可以检验和扩展经济学领域的主导理论。当时，这些实验只占经济学研究中的一小部分，却是未来变革的先兆。

将实验带入经济学主流的功劳要归于弗农·史密斯（Vernon Smith），他因为这一成就而与心理学家丹尼尔·卡尼曼（Daniel Kahneman）[①] 共同获得 2002 年诺贝尔经济学奖。史密斯是张伯伦的学生，他在 20 世纪六七十年代进行的研究不仅为实验经济学领域做出了重要的早期贡献，而且引领和启发了一代年轻的经济学家，后者有力地推动了实验经济学的发展。史密斯的具体贡献在于选择性市场机制（不同类型的拍卖）研究，他在研究方法上的贡献包括开创了在实验室中打造市场模型的常用方法。在史密斯所研究的市场机制范畴

① 丹尼尔·卡尼曼被公认为“继弗洛伊德之后，当代最伟大的心理学家”。他的跨领域研究对经济学、医学、政治学、社会学、社会心理学等领域都产生了深远的影响，被誉为“行为经济学之父”。卡尼曼的最新力作《噪声》的中文简体字版已由湛庐策划，由浙江教育出版社于 2021 年出版。——编者注

内，实验中产生的买卖双方之间的交易价格往往非常接近理论上的均衡价格，也就是理性预测的价格，因此他的研究为人们对理性决策的信念提供了支持。

测试前，必须仔细思考想要解决的问题

史密斯也是设定在实验经济学中有力的证据能够构成规则的关键人物。史密斯所带来的影响表明，不同领域的社会科学家对理性的定义不同，对人类行为是否理性的判断标准也不同。更重要的是，不同的领域在什么是好的实验以及如何解读实验结果的问题上会得出不同的结论。

那时，心理学家经常在不向被试提供金钱激励的情况下观察他们的假设性决定，甚至在研究社会环境时会欺骗被试，研究时没有提供跨实验学习机会的一次性决定。此外，心理学家所说的“理性”，多数时候都是指个人的行为而非市场的结果。史密斯开创的实验方法有时比心理学的方法更具体、更严格。例如，被试通常会得到金钱激励，金额会根据被试完成任务时的表现而有所不同，这样做的目的是帮助被试更好地理解“游戏规则”。与社会心理学实验常伴随着欺骗相反，实验经济学家一般会尽力避免欺骗被试。

显然，赫伯特·西蒙（Herbert Simon）首先考虑的是个人的理性，而史密斯则专注于市场及其在大量的实验性测试中如何变化。如果最初的几轮实验都没有达到理性行为模型所预测的结果，史密斯并不会认为模型出现了问题。如果一些被试做出了错误决定而导致破产，但市场仍然是平衡状态，那么许多经济学家会将此作为证据，用来证明现有理论提供了对整体市场的合理描述。

著名行为经济学家乔治·洛温斯坦（George Loewenstein）进行过许多颇有影响力的实验，令他担忧的是，经济学最初在反复实验中对市场的关注非常有限。他写道："这类市场具有显著的效率特性。它们会趋于平衡，这在一定程度上是通过……消除被试行为欠佳所产生的影响而实现的。"也就是说，洛温斯坦认为，通过关注市场，经济学家找到了一种简便的方法，即可以通过实验来证实他们对理性决策的支持。史密斯及其同事设计的实验具有严格的规则和非常正式的结构，但洛温斯坦不以为然，他说："我上一次参加拍卖是在十几岁的时候，当时我用 0.25 美元买了一个坏掉的洗衣机电机。可能包括我在内的大多数人参与的大部分经济交易，无论规模大小，都明显缺乏纪律机制。"同样，另一位著名行为经济学家科林·卡默勒（Colin Camerer）也批评史密斯设定的规则限制太多。卡默勒把被迫一遍遍重复实验的传统实验经济学的被试比作电影《土拨鼠之日》（*Groundhog Day*）中的主人公菲尔。在电影中，菲尔必须一次又一次地经历同一天，重复同样的事情，直到他做对为止。需要注意的是，卡默勒和洛温斯坦经常在史密斯设定的一些精确参数框架内进行研究。但就像下一代的许多著名经济学家一样，他们并不介意放宽这些规则，以便追求自己感兴趣的科学问题的答案。

在这两个学科之间看似深奥的争论背后，有一个对所有实验工作者来说都非常重要的经验教训：世上没有完美无缺的实验方法，采取哪种实验方法取决于你要解决的问题。当被问及史密斯的研究和丹尼尔·卡尼曼的研究时，另一位诺贝尔奖得主阿尔文·罗思（Alvin E. Roth）不假思索地指出："卡尼曼是心理学家，他感兴趣的是你的大脑如何运作、你如何做决策。而史密斯是经济学家，他感兴趣的是市场如何运作。"这一区别有助于解释心理学和经济学领域的实验在实施规则方面的不同。

对于组织机构来说，这就要求它们在设计实验之前，必须仔细思考想要解决的问题。例如，假设亚马逊正在试验其网站的布局是应该遵守心理学的规则（如果用户第一次浏览网站就遇到困难，这表明网站设计明显存在严重缺陷），还是经济学的规则（等到用户与网站进行了几次交互之后，再判定新的网站设计是好用还是难用），那么答案取决于亚马逊的目标、消费者使用该网站的频率，以及亚马逊是担心用户会立即退出网站界面，还是认为用户会想在长期使用中获得更好的体验（在这种情况下，暂时性的问题可能不太重要）。当然，还有很多其他的因素也在发挥作用。因此，必须仔细思考你想要解决的问题。

行为经济学与行为政策实验

与心理学家相比，经济学家越来越喜欢利用实验来达到不同的目的，检验经济学理论背后的行为假设，因此经济研究方法也随之不断发展。随着经济学的发展，史密斯之后一代的实验经济学家发现，如果一味地遵守史密斯的规则，会使一些实验结果不受经济学界的重视。他们抱怨说，如果他们的实验数据不能证明现有模型在市场层面上的预测正确性，许多经济学期刊的评论人会认为他们的方法和理论是错误的。在史密斯正式确立经济学实验规则的几十年之后，这一现象才开始消失。1999 年，洛温斯坦写道："人们很容易忘记一些事实，那就是仅仅在 20 年前，如果一篇论文涉及实验或讨论心理学，就会成为被许多编辑立刻拒绝的理由。"因此，虽然史密斯将实验引入了经济学领域，但他制定的规则可能延缓了心理学对经济学的影响。

阿尔文·罗思和基思·默宁翰（Keith Murnighan）的科研合作大大增强了这种影响。当罗思 1974 年在伊利诺伊大学执教时，他就是一位极具数学天赋的年轻博弈论者。2012 年，罗思在诺贝尔奖获奖论文中提到，当他来到伊利诺伊大学时，他主要是因为证明了“格上的不动点定理”而出名，但很多人不明白这是什么意思。罗思结识默宁翰之后，他的兴趣范围迅速扩大。默宁翰在获得普渡大学社会心理学博士学位后，也开始了自己在伊利诺伊大学的第一份教师工作。当时，一个从运筹学家转行的经济学家和一个社会心理学家通常只会在社交活动中或者一个糟糕笑话的开头相遇。但一位经验丰富、眼光独到的同事扮演了学术媒人的角色，把他们介绍给彼此，并建议他们聊聊科学研究。聊完之后，世界都将受益于两人随后的合作。后来，在谈到与默宁翰的合作时，罗思说：“他对博弈论不太了解，而我对实验更不了解。但在接下来的十年里，我们互相学习如何进行有助于研究博弈论的实验。”

两人共同撰写了十几篇论文，为经济学实验创造了更多的可能性。他们的论文正式分析了理性行为者在经济博弈中会怎么做，这些分析通常关注具有不止一种均衡状态的博弈，也就是完全理性的行为者可能带来的多种结果。他们认为，心理学和社会学等其他社会科学有可能会启发经济学领域，即当有多个理性选项时，会出现经济学解决方案。最重要的是，他们使用社会学和心理学概念来解释被试为什么会偏离理性预测的结果。这一系列论文根植于正式的经济学理论，对经济学模型的预测结果进行了严谨的说明，同时运用心理学和社会学认知，对实际行为进行了准确而深刻的描述。因此，在行为经济学领域，甚至在“行为经济学”这个词出现之前，默宁翰和罗思可能已经是最早的行为经济学家了。

罗思和默宁翰的实验洞见包括：

- 博弈论模型可以很好地解释行为，但实际行为会系统性地偏离纯粹理性的行为。
- 一方对另一方的了解（信息的不对称）和交流沟通的组织结构是决定议价结果的关键因素。
- 两个或更多人继续保持关系的可能性对他们将来彼此合作的可能性具有重要影响。
- 风险厌恶会让议价者做出让步来缓解他们的厌恶情绪，而在可预测的情况下，这些风险比经济学模型预测的危害要小。

总的来说，罗思和默宁翰为随后经济学和其他社会科学之间卓有成效的合作奠定了基础。最近，罗思向我们讲述了他们的研究以及实验的优点和局限性。在谈话中，我们发现，他在实验室环境下得到的许多经验教训同样适用于经济学领域。例如，他说自己在谈到“系列实验”时会非常慎重，因为他觉得多个实验比单个实验更有可能解答一个完整的问题。他还谈到了普遍性，也就是将实验的结果推广到整个领域，以及从一个领域推广到另一个领域。再例如，我们是否应该举一反三，与实验室实验相比，改变流水线厨师薪酬的激励实验能帮助我们更好地了解如何向优秀运动员提供激励措施？罗思指出，相似的实验在不同的场景设置下产生了相反的结果。他还谈到了被试如何在几轮实验中不断学习，以及确保被试知道自己需要做些什么的重要性。这些经验教训无论对实验室实验人员，还是对正在进行实验的管理者都很有用。

心理学洞见与经济学模型的结合

罗思和默宁翰的研究预示了实验经济学的新浪潮，以及心理学洞见与经济学模型的结合。其中最引人注目的是丹尼尔·卡尼曼和阿莫斯·特沃斯基（Amos Tversky）所做的大量工作，他们也因此而荣获诺贝尔奖。在记者迈克尔·刘易斯（Michael Lewis）的优秀著作《思维的发现》（*The Undoing Project*）和卡尼曼的畅销书《思考，快与慢》（*Thinking, Fast and Slow*）中，都有对卡尼曼和特沃斯基合作开展的著名研究的广泛论述，两本书都聚焦两人的友谊以及他们对心理学和经济学领域的突出贡献。

卡尼曼和特沃斯基还取得了另一项不那么引人瞩目的重大成就：他们为行为经济学领域的创立奠定了基础。最终，他们点燃了星星之火，使行为洞察团队在全球各地蔚然兴起，各种组织机构进行的行为实验类型百花齐放。

接下来，让我们从头说起。

正如上文所述，20 世纪 70 年代以前，心理学和经济学的发展在很大程度上是相互独立的。起初，卡尼曼和特沃斯基完全只在心理学的范畴内开展研究，并取得了成功。他们设计了一个又一个实验，巧妙地发现了人类做判断和决策的各种系统性错误，其结果令人信服。

两人 1974 年发表在《科学》杂志上的颠覆性论文《不确定状况下的判断：启发法和偏差》（*Judgment under Uncertainty: Heuristics and Biases*）显示，人们并不像传统经济学模型通常认为的那样理性。卡尼曼和特沃斯基发现了人们用来快速有效地做出决定的启发法，也就是认知经验法则。例如，他们将可得性启发法定义为人们倾向于根据记忆中可用的实例来评估事件发生的频率、概率或可能的原因。而代表性启发法是指人们在对个人、物体或事件做出判断时，倾向于寻找与他们之前形成的刻板印象相对应的特征。

这篇论文促使许多学者开始着手研究人类系统性偏离理性的机制，并为现在所称的行为经济学的发展提供了跳板。包括营销、谈判和医疗决策在内的其他领域也开始注意到这一点，并把出现系统性偏差的可能性纳入其视野。

虽然卡尼曼和特沃斯基的观点在某些领域很有影响力，但真正引起经济学家关注的是他们接下来的研究。在发表于国际顶尖经济学期刊《经济计量学》（*Econometrica*，主要面向最硬核的经济学家）的《展望理论：风险条件下的决策分析》（*Prospect Theory: An Analysis of Decisions under Risk*）一文中，他们用经济学的语言建立了一个数学模型，对经济学领域有关理性的核心假设发起了挑战。卡尼曼和特沃斯基的野心在摘要的第一句话中就显露无遗："本文批判了期望效用理论，认为其相当于风险条件下的决策描述模型，并提出了一种名为展望理论的替代模型。"一场战斗开始了。

经济学家们注意到了这篇论文。一些经济学家喜欢展望理论，另一些则憎恶这一理论。有的人认为，展望理论比标准的期望效用模型更能预测行为；其他人则持相反观点。经济学家约翰·李斯特（John List）在 2004 年发表的一篇论文中指出，答案取决于所涉及的情境和问题。通过观察体育卡交易展的参与者，他发现交易经验较少的人的行为方式更符合展望理论，而交易经验丰富的人的行为方式更符合标准的经济学模型。

展望理论虽然没有成为新的经济学标准模型，却为经济学领域带来了一个重要的发现：人类行为会在很多方面偏离传统模型。心理学和行为经济学对于在组织机构中进行的一些实验产生了重大影响，卡尼曼和特沃斯基的研究便是一个范例。

以下是卡尼曼和特沃斯基在 1981 年发表的一篇论文中提出的思想实验。

> 假设美国正在准备应对一种罕见疾病的暴发，这种疾病预计将导致 600 人死亡。相关部门已经提出了两种对抗该疾病的备选方案。现在假设实施这两种方案的后果已经有了如下的科学评估：
>
> 如果采用方案 A，将会有 200 人得救。
>
> 如果采用方案 B，600 人全部得救的概率为 1/3，全部死亡的概率为 2/3。
>
> 你赞同哪种方案？

当你要在现实世界中评估这两种方案时，可能会考虑很多因素。例如，两种方案将在社会上各产生什么影响？谁最容易得这种疾病？哪种方案会带来最大的好处？但是，如果你只能根据以上给出的有限信息来选择方案 A 或者方案 B，你会如何选择呢？事实上，大多数人都会选择方案 A。

让我们来看看你在做出这个决定的时候是如何思考的。关于做决策的一个简单规则就是始终选择期望值最高的选项，也就是平均而言能带来最佳结果的选项。但是，正如你所见，以上案例中的两种方案拥有相同的期望值。方案 A 肯定能挽救 200 人的生命，方案 B 有三分之一的机会可以挽救 600 人的生命，平均来说也可以挽救 200 人的生命。

现在，请来看一看“罕见疾病问题”的第二个版本，同样来自 1981 年的那篇论文。

假设美国正在准备应对一种罕见疾病的暴发，这种疾病预计将导致 600 人死亡。相关部门已经提出了两种对抗该疾病的备选方案。现在假设实施这两种方案的后果已经有了如下的科学评估：

如果采用方案 C，将会有 400 人死亡。

如果采用方案 D，死亡人数为零的概率为 1/3，600 人全部死亡的概率为 2/3。

你赞同哪种方案？

你可能已经注意到，这两组方案客观上是一样的。拯救 200 人（方案 A）和死亡 400 人（方案 C）的客观结果是相同的，方案 B 和方案 D 在客观上也是相同的。然而，大多数人在第一组方案中选择了方案 A，在第二组方案中选择了方案 D。

虽然这两组选项在客观上是相同的，但从挽救生命和失去生命的角度来看，结果形成的“框架”足以将人们最常见的反应从风险厌恶行为转变为风险寻求行为。卡尼曼和特沃斯基使用“框架”这一术语来指代对同一客观信息的不同描述方式。他们的研究证明了一个简单但重要的观点：框架很重要。

卡尼曼和特沃斯基的框架概念已经被用来解释现实世界的情况。人们对被定义为收益的风险和被定义为损失的风险所做出的反应是不同的。例如，经济学家德温·波普（Devin Pope）在一篇论文中发表了一项发现：相较于击出标准杆，职业高尔夫球手在试图打出小鸟球时，更有可能采用短推杆的打法。对于这一发现有一个可能的解释，那就是高尔夫球手更希望避免柏忌[1]（柏忌给人的感觉就像损失一样），而不是打出小鸟球（相对于标准杆，小鸟球感觉更像是一种收益）。

后来，一些组织机构也通过实验来研究它们可以在哪些情况下、以何种方式利用框架效应。例如，经济学家罗兰·弗赖尔（Roland Fryer）、史蒂芬·列维特（Steven Levitt）、约翰·李斯特和萨莉·萨多夫（Sally Sadoff）与芝加哥郊区的芝加哥海茨（Chicago Heights）的 9 所学校合作，研究能否把框架运用到一项教师激励计划中。研究人员向一群教师随机分配了两种激励方案，一种方案采用收益框架，另一种方案采用损失框架。在收益框架中，学校向教师承诺，如果他们的学生达到预定的成绩目标，就会在年底给他们发奖金。而在损失框架中，教师也会因为学生的成绩达到同样的目标而获得同样的奖金，但有一点不同，那就是他们不是在年底而是提前拿到奖金，并被告知如果学生的成绩未能达标，他们则必须在年底退还奖金。最终，研究团队发现，比起收益框架契约，损失框架契约更能大幅度提高学生的数学成绩。

虽然弗赖尔等人的研究改变的不仅仅是框架，但是该研究确实凸显了组织机构整合行为经济学和心理学的各种方法，以及实验在找出不同环境中的有效方案上所起到的作用。如果没有这项实验，就很难知道这些激励方案的结构在实现目标方面的有效性。

---

① 高尔夫球专业术语：帕（par），击球入洞的杆数与标准杆数相同；小鸟球（birdie），击球杆数低于标准杆数 1 杆；柏忌（bogey），击球杆数比标准杆数多 1 杆。——编者注

行为经济学成为一个学科领域

1977年，理查德·塞勒（Richard Thaler）[①] 和丹尼尔·卡尼曼在访问斯坦福大学期间相识。当时，卡尼曼已经改变了心理学领域，并为改造经济学奠定了基础。而塞勒只是一位新上任的助理教授，正在努力寻找自己的方向，他通往终身教职的道路尚不明朗。和塞勒一起攻读博士研究生课程的一位同学回忆说，那时他甚至怀疑塞勒能否毕业。卡尼曼帮助塞勒走上了一条新的道路，这条道路改变了塞勒的人生，并为世界带来了行为经济学。在这个过程中，塞勒开始对心理学产生了浓厚的兴趣，他想知道心理学是如何影响人们对经济学的认知的。

与卡尼曼和特沃斯基一样，塞勒擅长提问，这些问题直指经济学假设的核心，而这些核心尚未在现有理论中出现。在1980年发表的一篇论文中，他请大家思考以下场景：

- R先生在20世纪50年代末以每瓶5美元左右的价格购买了一箱好酒。几年后，酒商提出以每瓶100美元的价格回购这些酒。R先生拒绝了，尽管他从来没有买过单价超过35美元的酒。
- H先生修剪自家的草坪。邻居家的儿子愿意代劳，只收8美元。虽然H先生会亲自修剪自家的草坪，但他不会为了挣20美元而帮邻居修剪同样大小的草坪。
- 一家人花40美元购买一场篮球比赛的门票，比赛地点在距离他们家约100千米的地方。比赛当天下起了大雪，但他们决定无论如何都要去看比赛。要注意的是，如果把门票事先就给了他们，他们就会选择待在家里。

---

① 理查德·塞勒被公认为行为经济学和金融学领域的先驱。2017年，因其对行为经济学的贡献，被授予诺贝尔经济学奖。——编者注

大多数人都认同这些日常决定，觉得自己也会做出同样的决定。但从标准经济学理论的角度来说，上述每个场景中的行为或想法都偏离了理性。你对好酒、时间、劳动或大雪天篮球比赛门票的重视，不应该受到是否已经拥有这些东西的影响。相反，正如塞勒提出的场景所示，人们实际的决策过程会偏离标准经济学理论预测的理性逻辑。

1987—1990 年，塞勒在《经济展望杂志》（*Journal of Economic Perspectives*）上开设了一个名为“反常现象”（Anomalies）的专栏，这使他在经济学领域崭露头角。该专栏的每篇文章都探讨了人们对理性行为的一种系统性偏离现象，这种偏离违背了传统微观经济学理论的假设。《经济展望杂志》在经济学界具有很高的知名度，而且塞勒的专栏文章写得很好，他善于分辨一些反常现象，让经济学家很信服。其中很多反常现象都是通过实验（当时这在经济学领域仍然是一种新的工具）发现的。塞勒的专栏既突出了行为经济学领域的兴起，也表明了实验在提供信息方面的重要作用。

罗思、史密斯、卡尼曼、特沃斯基和塞勒等人使经济学家们意识到，他们可以通过实验来取得突破。塞勒等人的研究启发了许多著名学者，包括乔治·洛温斯坦、科林·卡默勒、戴维·莱布森（David Laibson）、琳达·巴布科克（Linda Babcock）、艾丽斯·博内特（Iris Bohnet）、马修·拉宾（Matthew Rabin）和塞德希尔·穆来纳森（Sendhil Mullainathan）①，他们后来都非常依赖实验方法，并运用心理学知识来解决经济学的核心问题。

---

① 塞德希尔·穆来纳森是哈佛大学终身教授、哈佛大学行为经济学领域领头人，其代表著作《稀缺》（*Scarcity*）的中文简体字版已由湛庐策划，由浙江人民出版社于 2018 年出版。——编者注

行为经济学为 10 年来大量涌现的行为政策实验奠定了基础，并发挥了特殊的作用。值得一提的是，塞勒与著名法律学者卡斯·桑斯坦（Cass Sunstein）在 2008 年合著的《助推》（*Nudge*）一书中，为行为洞察团队（我们在第 1 章中对此进行过论述）的创立提供了灵感。行为洞察团队进而又激发了政策领域更广泛的行为洞察运动。简而言之，如果没有卡尼曼和特沃斯基的研究，塞勒是否能完成这些开创性研究，将是一个未知数。而如果没有塞勒的研究，行为经济学也没有得到更广泛的发展的话，很难想象行为政策实验会在实践中拥有如此大的吸引力。

田野实验的兴起

在塞勒开创行为经济学领域的同时，经济学的其他分支也引入了实验的方法。正如上文所述，一些旨在评估社会政策的早期经济学实验得以大规模展开——它们比行为经济学和实验经济学更早诞生，也更早成为独立的学科领域。从那时起，经济学家越来越多地与企业和政府合作来开展实验。

近几十年来，经济学家在卫生、劳动力、市场营销等诸多领域进行了实验，聚焦健康保险的影响和行为经济学理论的检验等问题。其中许多实验都是田野实验，也就是在实验室之外开展的实验。有些田野实验本质上看起来与实验室实验没什么不同，只是在实地环境中进行；而另一些田野实验的被试只是过着和平时一样的生活，甚至不知道自己参与了实验。在经济学领域，这种类型的田野实验通常被称为自然田野实验，这个术语是由经济学家格伦·哈里森（Glenn Harrison）和约翰·李斯特创造的，他们在经济学领域帮助推广了田野实验。

田野实验给发展经济学带来的变化之大，也许超过了经济学的其他所有分支。发展经济学专注于分析和改善发展中国家的财政、经济和社会状况。1994 年，经济学家迈克尔·克雷默（Michael Kremer）[①] 助力发展经济学家和发展实践者拉开了实验运用的帷幕。当时，克雷默想要解答一个简单但重要的问题：为肯尼亚的学校提供新版教材能否改善教育成果？在这种情况下，只观察横断面相关性 [②] 可能会产生误导。毕竟，拥有教材的学校同时也可能拥有其他重要的教育上的驱动力，比如更重视教育的家长或者更好的老师。

为了弄清新版教材计划的因果影响，克雷默等人进行了一项实验。在该实验中，他们随机挑选了肯尼亚的一些小学发放新版教材（由荷兰的一个非营利组织提供），而其他学校则不发放。与之前依赖非实验数据的研究相比，这项实验得出了略为不同的结论：新版教材似乎会对学生的考试成绩产生积极的影响，但这仅限于成绩原本就优秀的学生。克雷默等人继续通过实验来测试有助于提高学生成绩的其他方法，例如，改善学生健康状况和提供校服。这些实验为想要找出最佳教育投入方式的组织机构提供了框架指导。

在过去 20 年里，整个发展经济学领域，无论是研究还是实践版块，都在广泛而迅速地向实验转变。阿卜杜勒·拉蒂夫·贾米勒贫困行动实验室（J-PAL）就是这种转变的核心推动力之一。J-PAL 成立于 2003 年，由阿比吉特·班纳吉（Abhijit Banerjee）、埃丝特·迪弗洛（Esther Duflo）和塞德希尔·穆来纳森（当时他们都是麻省理工学院的经济学家）创建，目的是推广随机对照测试的运用，以便对

① 2019 年诺贝尔经济学奖获得者，现任哈佛大学教授。——编者注

② 横断面研究（Cross-sectional Study），指在同一时间段内，观察或比较某一类对象的研究方法。——编者注

发展政策进行更有效的评估，并更好地了解如何增加全世界人民的福祉。J-PAL 希望减少贫困，努力确保减贫政策要以科学为依据（主要采用田野实验）。目前在班纳吉、迪弗洛、瑞秋·格伦纳斯特（Rachel Glennerster）和本杰明·奥尔肯（Benjamin Olken）的领导下，J-PAL 协调了 49 所大学的 145 名附属教授，让他们在世界各地研究和推广有效的减贫干预措施并提供相关培训。截至 2018 年 2 月，J-PAL 附属机构在 80 个国家进行了 850 多项随机对照测试。

经济学的其他分支也在经历类似的转变。如今，从劳动经济学到产业组织经济学，从市场营销经济学到卫生经济学，几乎经济学的所有领域都在开展田野实验。实验虽然不是唯一可以使用的工具，但已经成为一个重要的工具。田野实验——通常由企业、政府或非政府组织进行，已经在许多行业得到推广，组织机构不仅受益于以事实为根据的实验结果，也受益于实验价值的广泛提升。

测试指南

THE POWER OF EXPERIMENTS

1. 世上没有完美无缺的实验方法，采取哪种实验方法取决于你要解决的问题。
2. 数据可用性的迅速提高和实验成本的急剧下降为实验革命创造了有利条件。
3. 不同领域在什么是好的实验以及如何解读实验结果的问题上会得出不同的结论。
4. 关键行动：在设计实验时，组织机构必须仔细思考想要解决的问题，需要考虑到实验可能给被试带来的压力和伤害。

The Power of Experiments

第 3 章

测试助推更好的决策

近年来，我参与了很多关于智慧城市的讨论，大家都在探索公共政策如何通过数据得到改善。这令我想起当年在淘宝网工作的时候，平台政策的制定及实施也常常举步维艰，采取行动之前进行数据分析已经成为必然的趋势。本章所提出的行为实验不仅有助于政府了解决策的偏见，还有助于促进制度改善。作为平台管理者，以这种模式来收集数据并做出快速应变，已经变得越来越常见

行为实验，测试不同情况下的有效因素

在美国，逾 10 万人在等待着器官移植。其中超过 1/3 的人在找到适合的器官之前就会死亡。2020 年仅有大约 3 万人获得器官，而这些器官通常来自生前就选择了捐献器官的死者。可见，这项政策确实是一个生死攸关的问题。

为了提高器官捐献率，政府通常会出台一项政策，允许人们在去世后成为器官捐献者。在如何设计这项政策的问题上，政府需要做出一个重要的选择。他们可以假定你不想成为捐献者，而如果你想成为捐献者，就需要填写一份表格或进行勾选，这便是“选择加入”政策。或者，他们可以假定你想成为捐献者，而如果你不想成为捐献者，就需要填写一份表格或进行勾选，这便是“选择退出”政策。例如，在美国的很多州，如果你想成为器官捐献者，就必须填写一份表格，确认在死后捐献自己的器官，否则医护人员会默认你不想捐献。

埃里克·约翰逊（Eric Johnson）和丹·戈德斯坦（Dan Goldstein）于 2003 年发表了一篇颇具影响力的论文。他们指出，“选择加入”和“选择退出”的政策可能会导致截然不同的器官捐献率。他们研究了 11 个欧洲国家，发现采用“选择加入”政策的 4 个国家，其器官捐献率为 4% ～ 28%，而采用“选择退出”政策的 7 个国家，其器官

捐献率为 86% ～ 100%。默认选项似乎在提高捐献率方面发挥了重要作用。

因此，器官捐献登记究竟是采用“选择加入”政策还是“选择退出”政策，成为一个备受争议的问题。“选择退出”政策的支持者认为这项政策拥有拯救更多生命的潜力，而反对者却担心那些不想捐献器官的人并没有时间去完成退出手续。根据美国卫生与公众服务部（HHS）的一份报告显示，2012 年一项调查结果中，大约 47% 的受访者反对“选择退出”政策。当反对“选择退出”政策的人被问及原因时，最常见的回答是：“这应该是个人的决定，应当由个人自由选择。”此外，近 1/4 的受访者表示，在“选择退出”政策下，他们会选择不捐献器官。“选择退出”政策下的退出率非常低，当然可能存在有些人想退出而最终却没有这么做的情况，可是在没有更多证据的情况下，很难知道事实是不是这样。

这个问题也影响到了潜在捐献者死亡后的捐献过程。在美国，器官捐献登记者的直系亲属几乎都同意进行器官捐献。但在“选择退出”政策下，当事人做登记这一行为所传达出的意愿要复杂得多，这可能导致其家庭成员想知道已故家人的真实意图，甚至可能拒绝同意进行器官捐献。

“主动选择”政策已成为一种潜在的替代方案，人们希望在提高器官捐献率的同时，让那些反对“选择退出”政策的人消除顾虑。在“主动选择”政策下没有默认选项，人们必须主动地决定是否要成为捐献者。“主动选择”政策在政策界和学术界获得了大量的支持和拥护。美国多个州会在居民更新驾照时让他们主动决定是否同意捐献器官，而且近期已经出现了政府转向这一政策的趋势。美国加州、纽约州和英国最近全都从“选择加入”政策转向“主动选择”政策。现在只有一个问题，直到最近，仍然没有什么证据表明“主动选择”政策对提高器官捐献登记率的效果。

有鉴于此，经济学家贾德·凯斯勒（Judd Kessler）和阿尔文·罗思（开发器官捐献配对系统的核心人物）着手研究了人们对“主动选择”政策的反应。他们分析了器官捐献登记率在不同州的变化情况，对加州（最近将其政策从“选择加入”改为“主动选择”）和其他州（未改变政策）的器官捐献登记率进行了比较。这些数据结果对于支持“主动选择”政策的人来说并不乐观。在其他州的器官捐献登记率出现增长的同时，加州的器官捐献登记率在采取“主动选择”政策后却出现了下降的情况。

凯斯勒和罗思进行了一项实验。两人招募了368名持有马萨诸塞州驾照的人，并把他们带到实验室，让他们做出关于是否更改其器官捐献登记状态的决定（被试在抵达实验室之前不知道实验主题）。为了开展这项雄心勃勃的实验，凯斯勒和罗思想方设法地将实验室的电脑连上了马萨诸塞州机动车登记处的在线数据库，以便于他们记录下被试是否真的更改了器官捐献登记状态。

被试通过研究人员设计的一个网络界面登录，在这个界面中，被试可以与真实的马萨诸塞州人体器官组织捐献登记处人员进行互动。然后，研究人员改变了选项的显示方式。一些被试面对的是“选择加入”政策，另一些则被要求做出“主动选择”。事实证明，“主动选择”政策是无效的。与“选择加入”政策相比，在“主动选择”政策下登记成为捐献者的人数要少一些。

这项实验雄心勃勃、富有创意，虽然过程复杂，但最终为一场悬而未决的重要政策争论提供了令人信服的证据，可以说实验结果是卓有成效的。这个颇具启发性的实验结果提醒我们，人类在做决定时常常依赖直觉，而实验可以弥补直觉导致的不足，为政策和管理决策提供有效的信息。当然，在这方面肯定还有更多的工作要做，但该实验使人们更加意识到，必须仔细思考如何去看待决策，特别是默认选项的必要性，以及提醒人们在证据出现之前必须对政策的取舍慎之又慎。

心理学家朱利安·兹拉泰夫（Julian Zlatev，笔者在哈佛大学的同事）及其同事最近进行的研究，更广泛地分析了默认选项的使用情况。他们发现，不准确的看法更可能会存在于更广泛的模式中。在一项实验室实验中，兹拉泰夫发现人们通常无法正确地预测默认选项的影响，对默认选项的使用也并不总是符合他们的目标（当每个选项都有优缺点时，默认选项最难设置）。就器官捐献而言，对于政策变化将产生何种影响的不同看法，可能会在一定程度上决定不同的政策立场。

自从开展了研究器官捐赠的实验，凯斯勒和罗思受到了某些“主动选择”政策支持者在政治上的猛烈抨击，这些人不想看到不符合他们预期的实验结果。但凯斯勒和罗思不为所动，他们继续就此问题收集新的数据。特别是罗思，他对既得利益者的攻击早就习以为常。他的研究帮助改进了学生与学校、医学生与住院医师培养计划、器官捐献者与等候移植者的匹配方式。在这些方面，都发生了关于是否引入新证据和新方法的激烈争论。罗思曾说：“事关重大，不能让政治甚至学术政治说了算。”

就像在第 1 章中讨论的欠税提醒函和第 2 章中谈到的教师激励

方案一样，这项实验是日益壮大的行为研究领域的一部分。行为研究通过实验，在现实环境中对心理学和经济学理论进行测试，希望找出在不同情况下发挥作用的因素。

在本章中，我们将阐释实验如何帮助行为洞察适应政策背景。但首先，我们会提供一些关于“助推”（行为经济学的一个子分支，通常与行为政策实验有关）的补充信息。

选择架构，助推人们做出更好的决策

理查德·塞勒和卡斯·桑斯坦在《助推》中认为，政府组织就是一个选择架构师，不仅设计可用的选项，而且要设计选项的呈现方式。两人呼吁政策制定者把自己当成选择架构师，努力将人们助推至一个能让社会变得更美好的方向。

在理想的情况下，助推利用我们对偏见的了解来预测人们的决策错误，从而设计出有可能纠正这些错误的政策。塞勒和桑斯坦主张把助推作为一种工具，帮助出于好意的政策制定者和管理者去改善人们的决策。

选择架构的观点与改善决策的早期方法形成了鲜明的对比。许多行为经济学家和心理学家一直致力于帮助人们通过更谨慎的决策来消除自己的偏见，这至今仍然是该难题的重要组成部分。而助推的核心理念在于改变选择环境。就器官捐献的例子而言，我们发现“选择退出”的默认选项就利用了现状偏见，也就是说，人们倾向于接受事物的现状。由于人们不太可能费心费力地选择退出器官捐献，因此“选择退出”政策可以带来更高的器官捐献率。

从邮件列表订阅到401k养老金计划[1]，默认选项的战略性选择已经被用于“选择加入”或“选择退出”的各种场景中。有时，我们很喜欢自己被“推”入的默认选项。有时，我们会被那些像是诱饵和陷阱的默认选项弄得心烦不已，比如我们要为一张自己并不使用的信用卡支付 99 美元的年费。这些教训不在于具体的默认选项是好是坏，而在于默认选项和选择环境的其他因素，我们应该仔细考虑如何设计它们。通过实验，我们可以弄清楚在不同的情况下，哪些助推是有效的。

为了将选择架构的概念与决策的心理学联系起来，我们需要了解心理学家所说的双系统模式。也就是说，我们的思维是在两种不同的模式下运行的。对决策相关文献影响最大的双系统模式是基思·斯坦诺维奇（Keith Stanovich）和理查德·韦斯特（Richard West）对系统 1 和系统 2 认知功能的区分。卡尼曼在他的诺贝尔奖获奖演说和论文中表达了对这种区分的认可，并将之作为其著作《思考，快与慢》的组织框架内容。

双系统模式的核心观点在于，人类会在生活中自动地、不费力地、无保留地做出大多数决定，并对自己的情绪反应给予强烈重视。这种思考模式便是系统 1，也就是直觉系统。我们偶尔也会放慢速度，有意识地思考清楚一个决定，并花费精力以使决策合乎逻辑，这便是系统 2 思维。不过需要注意的是，你没有时间在杂货店使用系统 2 来做出每一个决定，因为这会花费太长时间。大多数情况下，我

① 401k 养老金计划始于 20 世纪 80 年代初，是一种由雇员、雇主共同缴费建立起来的完全基金式养老保险制度，20 世纪 90 年代开始迅速发展，逐步取代了传统的社会保障体系。——编者注

们的系统 1 思维可能表现不错，因为我们太忙了，没时间使用系统 2 来做出大多数决定。

问题是，当我们使用系统 1 来思考时，我们做出的决定更有可能是带有偏见的。如果想让人们在面临重要抉择时做出更好的决定，一个合理的方法就是设法帮助人们启用系统 2。可以采取多种形式，例如，使用算法或简单的决策模型，向思虑周详的朋友求教，与其他人合作，或者罗列出每种方案的优缺点等。你的系统 1 自认为你不需要使用说明书就能把新买的烤架组装好，而系统 2 会让你向家人询问你是否应该使用说明书，而你很快意识到答案是肯定的。

相比之下，选择架构以其最纯粹的形式致力于重新设计选择环境，以引导人们做出更好的决策。不是你询问家人是否应该使用说明书，而是你的家人事先就把说明书放在你的冰茶旁边，从而确保说明书是你最先考虑的求助对象。选择架构最终将消除偏见的过程从个人决策者转移到设计选择环境的政府组织、公司或家庭成员。

行为洞察背后的各种差异

原则上，助推可以帮助解决社会中普遍存在的低效问题。然而，正如为器官捐献登记设置默认选项的案例所示，助推的实施并不像表面上看起来那么简单。

首先，环境很重要，而实验可以帮助我们弄清楚哪一套干预措施最有可能在特定的环境下发挥作用。

其次，设计选择也很重要。现有的框架很少会对你想要实施的干预措施进行测试，而且你的助推设计哪怕只发生细微变化，也可能产生巨大影响。例如，亨特·奥尔科特（Hunt Alcott）进行的一项研究发现，当一个助推告诉人们，他们消耗的能源比邻居少时，该助推举措的效果取决于这句话的旁边是否有一个笑脸符号。虽然这项研究解答了一个设计问题，却引发了很多其他的疑问，例如，如果使用其他表情符号会怎样？在实践中，组织机构希望考虑更广泛的可用设计选择，这些设计选择肯定不会全部被现有的学术研究单独分析。

最后，意外结果会大量存在，而且在不同的情况下，这些结果也会有所不同。例如，大量的研究分析了通过默认加入的方式让人们参加 401k 养老金计划的影响。虽然事实已经证明这种方式有助于提高储蓄率，但同时出现了一个意想不到的结果，那就是被“助推”增加储蓄的人最终也背上了更多的债务。总的来看，助推人们加入 401k 养老金计划仍不失为一个好主意，但对于想要在此环境中实施助推的人来说，那个重要的意外结果既具有理论意义，也具有实践意义。在这种情况下，仅仅认为默认选项有效是不够的。将助推付诸实践时，必须对预期和非预期的结果加以充分考虑。我们已经见过很多出于善意的行为干预措施最终徒劳无功，甚至适得其反。

测试和助推之间的关系

塞勒和桑斯坦在《助推》一书中并未过多谈及测试。然而，在“助推”这一术语出现之后的 10 年时间里，测试大大推动了助推和行为洞察在实践中的广泛应用。正如我们在第 1 章中所说的，行为洞察起初在很多“严肃的”政策圈子里备受质疑。许多心理学家和行为经济学家把行为洞察在政策领域的运用视为理所当然的事情。毕竟，关于如何助推的许多想法已经在实验室里，偶尔也会在实地环境中，以各种方式得到了检验。虽然实验室和许多早期行为研究的测试结果为我们了解背后的机制和创建通用的框架提供了非常宝贵的知识，但对于这些因素在事关重大的现实背景下到底有多重要，有人持怀疑态度，比如行为洞察会不会在经济上对利润产生巨大影响？当然，答案无疑取决于我们在哪种环境中采取哪些行为干预措施。

通过开展测试，倾向于行为干预的政策专家能够证明助推在具体环境中的价值，而不是依赖那些针对行为洞察一般价值的研究。除了改善政策效果以外，世界各地的助推小组所进行的测试还有另一个作用，那就是向质疑测试是否有价值的政策制定者展示测试的价值。这恰恰是组织机构进行测试的原因之一。借助缜密的测试对产品或服务进行评估，组织机构可以更加清楚地了解该产品或服务能为利益相关者带来的价值。越来越多的初创公司通过这种方式向客户和投资者展示自己的价值。如果当下的产品或服务没有价值，那就开发更有价值的其他产品或服务。

测试还可以帮助组织机构了解如何设计助推，以及助推在哪些环境中最有可能发挥作用。鉴于上文列出的各种细微差别，组织机构需要进行测试，从研究中提炼想法，然后以具体目标为指引，以便在希望改变的领域里实践这些想法。例如，就像在实验室实验中发现的许多决策偏见一样，事实证明，现状偏见是影响决策的一个重要因素，它往往会促使人们做出不同的决定。助推在哪些情况下可能产生适得其反的效果？助推在解决不同的政策问题方面具有多大的作用？在这些问题上，新的政策测试将继续提供新的启示。当然，你不能对所有事情都进行测试，但就目前而言，我们要反复强调一点：测试有助于确定在特定环境中，哪类干预措施更有可能改善人们的决策。

为了更好地弄清楚这一问题，不妨看看以创作《魔鬼经济学》（*Freakonomics*）闻名的史蒂芬·列维特和约翰·李斯特的研究。他们二人讨论了实验室实验是否可以泛化到实地环境的各种情形中。虽然他们谈到了效应能否复现的问题，却花费了更多的精力来论述一个观点：一种效应在实验室中的强度往往不同于该效应在实地环境中的强度。我们十分同意这种看法。人们早就认识到，实验室里的实验工作者对自己所测试的东西拥有很强的控制力，以至于他们可以左右自身对研究结果的影响程度。因此，实验室实验虽然能让我们知道一种效应是否会产生影响以及何时会产生影响，但无法预测该效应在特定的现实环境中到底会产生多大影响。

这个泛化问题同样延伸到了实验室以外的地方。一种效应在某一特定的实地环境中的强度也可能不同于该效应在其他实地环境中的强度。这意味着，一般来说，不管实验结果是来自实验室实验还是田野实验，我们都很难弄清楚应该如何将实验结果在不同的环境之间进行转换。我们的朋友阿尔文·罗思曾说："有时，人们会误以为世上只有实验室和实地这两种环境。"这一深刻见解道出了一个非常明显但常被忽视的事实，那就是环境很重要，而且世上没有两种完全相同的实地环境。干预措施对人们决策的影响同样会随着环境的变化而变化。例如，与申报年收入相比，当一个人向保险公司申报汽车行驶里程时，是否在表格顶部签名这一点，对申报者的诚实性可能影响更大，反之亦然。同样，由于文化差异，不同地区的人对同样的助推可能会有不同的反应。

实际上，泛化问题凸显了社会心理学的一大贡献，那就是揭示了环境很重要。正因为如此，我们的决策过程哪怕只发生细微变化，也可能对我们的行为产生重大影响。这也意味着，当你在媒体上或某本书中看到一个有趣的助推时，虽然你将了解到一种可能会有效果的助推，但你不太了解这种助推在特定环境中（除了测试该助推时所处的环境以外）可能对人们的行为产生多大的影响，甚至也难以预测影响的方向。例如，在招聘启事中强调公司的使命而不是薪酬，这可能会影响应聘者的数量——更多还是更少，最终结果还要取决于工作的类型和薪酬竞争力等诸多因素。

问一个助推是否有效，就类似于问一则广告是否有效。对某些企业来说，广告在某些情况下是有效的，但在其他情况下却可能是无效的，甚至会惹恼顾客。助推的影响同样存在细微差别。学术研究和其他现有证据可以帮助构建一个助推的通用框架，但开展自己的实验可以帮助组织机构扩展这些框架，并以迎合特定的环境为基础，对宽泛的框架进行精练调整，从而带来更有效的改变，最终取得优势。就像组织机构越来越多地通过实验来测试广告策略一样，它们也可以测试它们为客户、员工和其他利益相关者提供的选择环境。

助推小组，用测试探索有效的社会公益模式

我们在第 1 章中介绍了行为洞察团队领导者戴维·哈尔彭和欧文·瑟维斯。在英国政府涉足助推领域之前，两人都曾担任过公职，哈尔彭还是剑桥大学心理学终身教授。在 2010 年新版欠税提醒函取得成功之后，他们又进行了数百次测试（截至本书撰写时已超过 500 次）。虽然他们没有发明如今常用的许多行为洞察工具，也没有创造出最早的现实助推，但他们熟练运用了社会科学，并结合选择架构的思维方式，创建了一个致力于提高政府效率的机构，为其他组织机构和政府树立了可供效仿的榜样。他们的伟大创新在于两个方面：一是将行为洞察付诸实践；二是在行为政策领域里掀起了一场测试革命。

哈尔彭曾被委托利用行为洞察工具帮助英国政府提高运作效率，特别是为政府省钱。行为洞察团队是在试用的基础上建立的，成立之初，“日落条款”[①]要求行为洞察团队在2012年之前在其投入成本的基础上实现10倍的回报。行为洞察团队最开始由7名成员组成，他们在经济学、心理学、随机对照测试和政策制定方面拥有深厚的背景。正如我们在第1章中所说的，哈尔彭及其同事的最初目标之一是让欠税者补缴税款。这是个明智的选择。虽然有些人可能会说，教育、健康、环保等问题更加重要，但征收欠缴税款的措施并不会在政治上遇到什么阻力。而且，欠缴税款的征收为助推概念提供了极好的证据，就连那些疑虑最重的政治家也无以反驳。

行为洞察团队的目标包括通过使用更具有现实性的人类行为模型来提高公共服务的成本效益和易用性，以及改善政府机构的工作表现。为了达成这些目标，行为洞察团队深入了解了特定部门所处的环境，并从现有文献中寻找更好的替代方案，然后设计出一项或多项干预措施，通过随机对照测试对这些干预措施进行测试。正是这种测试让行为洞察团队对世界各国政府组织的测试运用情况产生了革命性的影响。

行为洞察团队取得了令人瞩目的成就。在重写的新版欠税提醒函取得成功后，税务部门创建了自己的助推小组，其他很多部门也纷纷效仿。行为洞察团队开展了许多方面的工作：降低政府对数十万欠税受罚者采取财产收回措施的必要性，提高器官捐献登记率，提高能效，减少医疗处方错误，在德意志银行伦敦办事处鼓励慈善捐赠，提

---

① 日落条款（Sunset Clause），指法律或合约中订定部分或全部条文的终止生效日期。——编者注

高选举投票率，提高就业率，加强住宅的隔音效果，在不降低标准的情况下增强警察队伍的多样性，减少成人扫盲班的辍学率，提高少数族裔的大学入学率，改善交通安全，确保退休人员选择正确的养老金计划等。总的来说，行为洞察团队在许多政策领域都取得了成效，并在此过程中让助推的概念走向了全世界，同时也凸显了行为政策实施测试的关键作用。

由于英国和其他国家对其服务需求的不断高涨，行为洞察团队在 2014 年 2 月从政府剥离，成了一家社会服务公司，以便获得更大的灵活性。该公司由政府组织、大型创新性慈善机构 Nesta 及其内部员工共同拥有。随后 5 年，行为洞察团队的员工数量增长到 150 人以上，还在伦敦、曼彻斯特、新加坡、纽约、惠灵顿和悉尼等地增设了办事处，并扩大了经营范围。行为洞察团队开始看起来不太像是一个政府机构了，更像是一家咨询公司——实际上它也确实是咨询公司。

其他国家和地区政府以及非营利组织也纷纷效仿行为洞察团队的做法。2015 年，鉴于行为洞察团队所取得的成功，美国在白宫科技政策办公室内部设立了社会和行为科学小组。到 2017 年，在政府部门设立了助推小组的其他国家有澳大利亚、加拿大、墨西哥、芬兰、新加坡、意大利、印度等。除此之外，很多国家也有此打算。行为洞察团队的纽约办事处专注于为各个城市提供服务，芝加哥和里约热内卢市政府则创建了自己的助推小组。欧盟委员会、经济合作与发展组织以及世界银行也组建了行为洞察团队。到 2018 年，助推小组已有数百个之多，其中许多助推小组都通过测试来探索将行为洞察用于社会公益事业的最佳方式，从而在这个快速演变的领域里寻找行之有效的方法。

测试指南

T H E
P O W E R
O F
EXPERIMENTS

1. 人类在做决定时常常依赖直觉，而测试可以弥补直觉导致的不足，为政策和管理决策提供有效的信息。
2. 测试有助于确定在特定环境中哪类干预措施更有可能改善人们的决策。
3. 关键行动：开展自己的测试可以帮助组织机构扩展助推的通用框架，并以迎合特定的环境为基础，对宽泛的框架进行精练调整，从而带来更为有效的改变，最终取得优势。

THE POWER OF EXPERIMENTS

第二部分

如何让测试成为通用增长利器

The Power of Experiments

第 4 章

构建系统的测试方法和思维，避开测试壁垒

• Google 和缤客的测试文化

品觉导读

本章是不同的机构，如政府组织和企业在行为实验上的成功案例，例如缤客（Booking.com）。如果没有身临其境，你可能会惊讶："天哪，Google 怎么可能在 2018 年一年内做一万个实验？"关键在于能不能切中要害。事实上，近年来互联网企业的成功，离不开大量的测试或者 A/B 测试。但测试也存在壁垒，所以要正确运用。作者提出的相关障碍中，随机化、样本不足、效果追踪都与大数据息息相关

科技行业成为测试的温床

行为洞察团队自 2010 年成立以来，行为政策实验便大量涌现，目前已有数百支团队致力于将行为洞察纳入政策考量。从英国到法国再到新加坡，政府中的行为经济学家已经利用测试思维，改善了国民生活。

但从全局来看，这场测试革命仍处于起步阶段。虽然英国政府已经进行了数百项行为实验，但其他许多政府（包括美国联邦政府）对行为实验，尤其是“助推”类测试的采纳速度要慢得多。从宏观角度来讲，尽管行为实验继续以惊人的速度涌现，但在促进更多的政府组织系统化地运行行为实验的方面，仍有很大的进步空间。政策测试也不再局限于行为洞察领域，而是延伸到了从医疗保健到教育行业等诸多领域。

企业同样正处于测试革命之中，尽管它们几十年来一直在涉足测试领域。例如，1975—1976 年，金宝汤公司（Campbell Soup）着手分析了其广告营销的效果。在一项测试中，该公司将其在芝加哥、密尔沃基、明尼阿波利斯和圣路易斯投放的浓缩汤电视广告支出增加了 50%，结果发现这些城市的销售额相对于其他 5 座对照城市增长了 3.8%。该公司认为，这个增幅不够大，所以增加的那些广告支出并不划算。在另一项测试中，金宝汤公司在波士顿、费城、亚特兰大和俄克拉荷马城推出了单人份半浓缩汤新品 Soup for One。8 个月后，Soup for One 达到了预期的销售目标，而且相对于6个对照市场来说，该产品似乎并没有导致实验市场对公司浓缩汤产品的需求减少。自从这些早期的企业实验开展以来，实验方法已经大为改进，但是这些实验真正拉开了企业广泛运用实验方法的序幕。

在企业界，零售商品目录是另一种进行过早期测试的实验项目。在一组实验中，市场营销学教授埃里克·安德森（Eric Anderson）和邓肯·西梅斯特（Duncan Simester）与两家零售公司合作，对其商品目录中的价格变化进行了测试。这两家公司想知道以“9”结尾的价格，比如 29 美元或 39 美元是否会带来更高的销量。为此，他们推出了不同版本的目录。在一些目录中，他们将罗列在目录开头和最后的商品价格改成以“9”结尾；在其他目录中，价格保持不变。研究人员发现，设定以“9”结尾的价格的目录似乎能提高销量。在另一项测试中，他们发现，只需要加上“促销”二字就可以进一步提高销量。难怪那些通过目录来销售产品的公司，以及通过直邮广告来招揽顾客的公司会成为测试方法的早期采纳者。因为在这些公司所处的情况下，随机化和数据追踪相对容易实现，而且这些公司渴望通过助推促进潜在顾客来购买产品。

不过，也许没有哪个行业比科技行业更喜欢测试方法了。如今，测试已成为科技行业做出管理性决策的标准组成部分。行为洞察团队至今已经进行了 500 多次测试。如果说这个数字已经令你印象深刻的话，不妨再回顾这样一个事实：仅在 2018 年一年内，Google 就开展了多达一万多次的测试！

政府助推小组和私营科技公司竟然都是测试方法的早期采纳者，这个现象乍看之下不禁令人感到奇怪。毕竟，行为洞察团队的第一个客户是英国皇家税务与海关总署。该政府机构的人员都是西装革履的公务员，他们的目标是确保人们纳税。而在 Facebook 公司，员工平时穿的却是人字拖和 American Giant 牌连帽衫，喝的是 Philz Coffee 品牌的薄荷莫吉托咖啡。那么，英国皇家税务与海关总署的公务员和 Facebook 的年轻工程师有什么共同点呢？一个是严肃稳重的官僚机构，另一个是年轻人挥洒奇思妙想的创意胜地，为什么测试会出现在这两个截然不同的环境中？

其实，这两种环境虽然大不相同，但它们都史无前例地清除了测试在组织机构中大行其道的障碍。行为经济学家利用心理学和实验经济学的基本知识来建立实验方法。与此同时，由于创新驱动以及对利用数据来获取结果的务实追求，科技行业得到了进一步发展。在这两种环境下，都出现了灵光一现的时刻，那就是证据胜过直觉，以及实验变得越来越容易开展。

由于行为经济学和科技公司的测试成本显著降低，所以促进了这两个领域形成自己的测试文化。就助推小组而言，行为洞察团队意识到不必为了实验而打造昂贵的新基础设施，它只需要调整现有的流程，例如，增设欠税提醒函和开通手机短信。科技公司同样意识到，网页的细微变化也可能产生巨大的效果，况且它们已经收集了大量的数据，足以评估测试的结果。

在本书的第二部分，我们将探讨测试在科技行业的运用情况。科技公司不仅在利用测试来改善商业决策方面发挥了先锋作用，还能做到规避常见的测试壁垒，从而为其他组织机构建立测试文化提供了可资借鉴的经验。

5 个常见的测试壁垒

为了更好地了解科技行业是如何成为测试的温床的，不妨来看看组织机构可能面临的几个常见的测试壁垒。

- 壁垒 1：被试不足

测试工作者不仅要考虑效应的强度，还要考虑效应的精度。如果测试的样本量太小，那么即便两个随机分配的小组之间存在巨大的差异，也可以将其结果归因于测试性噪声太大。从被试太少的测试中得出言之凿凿的推论，就如同当你抛硬币，连续抛出两次正面时，就断言这枚硬币肯定有问题一样。

虽然很多组织机构难以保证样本量足够大，但英国皇家税务与海关总署和 Google 等科技公司却可以获得足够多的被试来开展更多实验。政府可以把所有公民作为被试，Google 也可以从其拥有的大量用户中抽样。随着组织机构很快意识到大规模可用样本的价值，拥有庞大被试资源库便可以促使这些组织机构成为实验方法的早期采纳者。

与学术研究人员正在进行的测试相比，无论是在测试的数量上还是范围上，许多组织机构现在开展的测试规模都要大得多。在大多数的大学实验室里，实验室的被试可能不超过几百人，与中型呼叫中心的工作人员数量差不多。换句话说，就某些类型的测试而言，一家呼叫中心可以像一所大学那样容易开展测试。

但在实践中，即便是科技公司，有时也会因为样本量而苦恼。例如，我们也许会认为优步拥有足够多的司机，可以随心所欲地进行测试。但正如我们将在第 9 章中看到的那样，为了了解变化是如何影响整个市场的发展情况的，优步在市场层面上进行了一些测试，而实际上市场样本的数量却相对较少。新的统计方法有助于改进从规模较小的测试中得出的推论，同时加强组织机构开展测试的能力。得益于此，拥有多家捷飞络（Jiffy Lube）[①] 门店的店主现在也可以进行有意义的测试了。

- 壁垒 2：随机化很难实现

如果没有做到细致而又彻底的随机化，就难以知道被测试的因素是否真正导致了测试表面上所呈现的结果。在行为政策干预的环境中，政府开始意识到它们与民众之间的通信——包括使用欠税提醒函、短信和电话——很容易随机化，从而使某些类型的测试更易于开展，且成本更低。政府部门现在也在进行更密集的测试，它们将很快发现，通信是其早期尝试测试的一条捷径。

Google、Facebook 和亚马逊等线上平台更容易修改个人用户可以看到的网页内容，从而简化了测试的随机化和实施过程。各大技术平台现在都拥有现成的随机化方法，所以它们可以很容易地向一部分用户展示网页的一种设计，向另一部分用户展示另一种设计，然后跟踪用户在使用不同网页设计时的行为差异。

想要了解随机化问题如何得以缓解，不妨想象一下，如果 eBay

① 由壳牌公司控股的，提供汽车快速保养连锁服务的著名品牌。——编者注

在 66 号公路的广告牌上打广告，效果会如何。eBay 几乎不可能通过测试来改变司机在 66 号公路广告牌上看到的内容，然后跟踪他们是否在 eBay 上购物了。相比之下，正如我们将在第 6 章中提及的，如果 eBay 在 Google 上打广告，就很容易对用户看到的广告进行随机化处理，并跟踪他们最终是否在 eBay 上购物。

- 壁垒 3：测试需要数据来衡量效果

数据的缺乏，一直是并将持续是一个主要的测试壁垒，因为评估测试的效果需要测量相关的结果数据，而这个过程可能是昂贵而又复杂的。数字时代使跟踪结果变得更加容易，至少对于管理上的部分相关指标来说是如此。

为了了解使用在线数据来衡量测试结果的好处和弊端，我们假设有份报纸正在为一篇报道测试不同标题的效果，并把点击标题的人数作为成功与否的衡量指标。数字时代和在线阅读的发展促使这样的标题测试更容易开展，部分原因在于新数据可以在线上平台得到分析（在这个标题测试中，新数据是指是否有人点击了文章）。收获更多的读者是件好事，但这并不是报纸唯一关心的事情。一份报纸不仅希望读者点击文章，更希望读者通过阅读文章获得信息，最终成为或继续作为该报纸的长期读者。未来，引诱读者点击设置的标题或许能在短期内带来更多读者，但从长远来看，也可能带来灾难性的后果。因此，想要取得成功，测试人员需要仔细考虑应该使用哪些数据。更广泛地说，即使对数据的测量工作已经变得越来越容易，选择恰当的结果指标仍然是一个重大的挑战。

当我们为一家公司设计测试时，首先要做的就是数据审计，了解该公司已经收集了哪些数据。我们会着眼于公司方和我们都感兴趣的结果，看看已经拥有的数据哪些有助于解释这些结果，并思考从已有数据到理想数据集的最佳过渡方式。然后，我们把寻求外部数据作为一种投资，增强内部数据。

为了了解这一过程，我们以一家大型真空吸尘器制造商为例进行说明。该公司会定期对其真空吸尘器产品进行调整，然后探索产品改进方法，比如旨在增加吸力的工程设计修改方案。为了弄清楚设计改动是否能提升产品性能，该公司采用了《消费者报告》（*Consumer Reports*）设计的一系列真空吸尘器评估测试。例如，在对真空吸尘器产品进行评价时，《消费者报告》采用了“一项行业标准测试，也就是是否能从中绒地毯上吸起 10 克重的表面滑石粉和 90 克重的嵌沙。首先对脏地毯和吸尘器分别进行称重，以获得基准测量数据。然后，在一个气候条件受控的房间里，对测试区域采取一系列规定的来回吸尘操作，最后再次对地毯和吸尘器进行称重，以便确切地知道有多少垃圾被清理了”。该公司建立了一个内部实验室来进行上述测试。通过这一测试，公司可以准确地知道《消费者报告》会如何评价其吸尘器产品。

但问题在于，现实生活中的中绒地毯往往是干净整洁的，没有人会真的从地毯上面吸起 10 克重的表面滑石粉和 90 克重的嵌沙。很多顾客在选购吸尘器时都会参考《消费者报告》的评价，因为这些测试切实地反映了产品的质量，并且会直接吸引顾客的关注。但相比而言，该公司更感兴趣的是如何打造出消费者觉得好用并且会继续购买的吸尘器产品。

原则上，该公司知道可以通过测试来找出消费者喜欢的产品功能。例如，在某些市场上提供一个版本的吸尘器，在其他市场上提供另一个不同版本的吸尘器，然后追踪销售数据，当然这些数据无疑是非常有用的。除此之外，公司还进一步追踪了退货情况，这有助于更深入地了解人们是否真的喜欢自己购买的吸尘器。

为了谋求长远发展，该公司还希望了解客户满意度。所以，它开始收集用户在亚马逊网站上对其产品的评价，并利用这些数据来评估客户满意度，从而进一步改进产品。通过收集客户的评价，该公司可以知道客户在生活中是如何使用吸尘器的，人们喜欢什么和不喜欢什么，以及该如何对产品加以改进。对这家公司而言，网上评价为测试创造了有利的条件，不仅提高了数据可用性，还使它更容易了解产品改动之后会有的效果。

总体而言，几乎不存在一套完美的数据指标。想要设定正确的结果集，需要深入了解组织机构的目标及其愿意做出的权衡取舍，同时还要了解哪些数据可用，知道如何将观测到的数据映射到组织机构最关心的数据上。在本书的第二部分，我们将以不同的科技公司为背景，对这些问题展开讨论，思考它们是如何根据测试数据做出决策的。

● 壁垒 4：低估决策者的不可预测性

英国原版欠税提醒函的作者可能并不觉得自己写了一封拙劣的信函，说不定还以为自己写的就是最好的。他们可能认为，提醒函怎么写并不重要，而这种想法十分普遍。这种心态严重阻碍了测试的推广应用。

在其他条件相同的情况下，当人们完全不知道哪个结果更好时，测试就会体现出最大的价值。当人们认为决策者的行为非常稳定并且是可以预测时，就会低估测试的价值。

然而，心理学的一大贡献就是使人们更深入地了解了框架决策的脆弱性、环境特异性以及敏感性。心理学家已经向政府组织表达了这方面的见解。在科技行业，产品的快速迭代似乎迅速导致了不同用户行为的出现，于是科技公司凭直觉得出了心理学家早就知道的结论：人们有时会做出不可预测的奇怪决定。正如下面我们将要讨论的，Google 的高管们可能全是靠猜的方式，来判断人们会对公司广告的不同颜色背景做出什么反应的，而事实上，这是很难知道的。

想要了解测试为什么会成为科技行业的标准操作程序，不妨看看在线上平台开展的测试是多么简单明了吧——至少是相对于其他环境而言。在最简单的测试中，线上平台可以将同一网页的不同版本呈现给不同的用户组，然后看看哪个版本会产生平台方期望的结果。例如，是否会提高用户在网页上的停留时间，或者增加用户对特定功能的点击量。如果分析线上平台的用户短期行为可以提供有用信息，那么线上平台几乎能够实时地进行测试和调整。正是这种迅速的调整，让企业得知细微的变化也可能带来巨大影响。

- 壁垒 5：对我们猜测干预措施效果的能力过于自信

在做决定时，我们往往不能意识到自己的直觉是多么离谱。过于自信会导致管理者仅凭直觉行事，而不是通过测试来确定最佳行动方案。政府的助推小组就深知过于自信的危害。而在科技行业，对产品的快速反馈以及大量的数据使我们谦卑地认识到，我们并不总是能知道什么方案会奏效。正如后文所说，eBay 原以为自己的广告策略还不错，但在进行了一项测试后却发现，根本不是这么回事。

Google 和缤客的测试基础设施

每当管理者决定是否进行测试时，上文所述的 5 个测试壁垒就会横亘在前。幸运的是，随着时间的推移，这些壁垒在许多环境中逐渐消失。科技行业和行为洞察团队之所以成为测试的早期采纳者，既是因为这些壁垒没有对它们构成巨大的挑战，也是因为它们从过程简单、成本低廉的测试中有了重大收获。

假设你在 Google 的广告部工作，必须决定广告是应该采用蓝色背景还是黄色背景。根据直觉，你可能会认为蓝色背景更能引起用户对广告的注意。或者说你更倾向于黄色，认为黄色背景能让用户感到更加愉悦，从而对广告产生更大的兴趣。我们假设，在设计师对不同颜色的背景设计进行了各种尝试之后，你认为黄色是正确的选择。然后你向同事们征求了意见，而他们根据类似的直觉和设计调整，认为蓝色会产生更好的效果。那么，你将如何决定该采用哪种颜色呢？在 Google 公司成立初期，员工们可能会就这一问题争论不休，直到有人屈服，让上司替他们做决定，或者争论双方达成妥协："好吧，那就折中一下，用绿色。接下来讨论广告该用多大的字体……"

Google 公司上上下下的管理人员很快意识到，他们不需要猜测和争论，测试可以帮助他们做出更明智的决策。传统的测试壁垒消失了，而 Google 的问题是缺少被试吗？ Google 有几十亿用户。是无法随机化吗？这对 Google 来说易如反掌。是没有足够多的数据吗？也有，因为 Google 会跟踪用户在其平台上的一举一动。那么还剩下两个主要壁垒：一是意识到广告背景的颜色可能真的很重要；二是要谦逊地承认仅凭直觉很难知道哪种颜色更好。一旦 Google 克服了这些障碍，进行测试就顺理成章了。

最近，我们与 Google 的首席经济学家哈尔·范里安（Hal Varian）聊了聊 Google 不断壮大的测试文化。他说："我们不希望公司高管讨论蓝色还是黄色背景能带来更多的广告点击量这种问题。既然我们只需要通过测试就能知晓答案，干吗还要讨论呢？"

范里安与 Google 的测试基础设施开发团队合作，帮助公司确立了系统性的测试方法和测试思维，以避开上文所述的各种壁垒。现在，Google 的实验规模异常庞大，每年进行超过一万次测试，其中大约一半的测试与 Google 的广告产品有关，而另一半与公司的搜索引擎有关。在 Google 内部已经形成了一种共识，那就是这些测试的结果将在各种背景下为管理决策提供依据。这种思维方式已经广泛地渗透到了整个科技行业。与此同时，即便是在测试方面处于领先地位的科技公司，仍然面临着各种问题，例如，如何选择正确的结果，思考测试开展的时机和进行测试的时长等。

和 Google 一样，亚马逊、Facebook、优步、Yelp（美国最大的餐饮点评网站）、猫途鹰（Tripadvisor）等大型科技公司每年都进行着成千上万次测试。通常来说，它们都拥有正式的基础设施，所以几乎每个团队都能开展测试。

以酒店预订平台缤客为例。在向所有用户推出新产品之前，缤客的产品经理很容易就能通过开展测试，对任何新的产品功能进行测试。缤客约 80% 的产品开发团队会主动开展测试。从面向用户的平台测试，到面向合作伙伴的测试，再到有关客户服务和市场营销的测试，缤客的测试范围涵盖了公司业务的方方面面。这相当于大约有 1 500 名员工在开展测试，其中许多人拥有管理或工程专业背景，但他们之前对统计学或测试的了解却十分有限。为了培养测试文化，缤客在管理上采取了各种变革措施，例如，卢卡斯·弗米尔（Lukas Vermeer）向我们简要介绍公司目前的测试流程，像这样由内部数据科学家主持的培训以及为个别测试提供的定制化分析支持，应有尽有。如果有了易于使用的测试基础设施，缤客就能相对容易地设计和进行基础测试。

测试完成之后，结果都会被记录到一个中央资料库中，团队里的任何人都可以研读先前的测试情况，从而查看哪些功能已经被测试过，无论这些功能最终是否被贯彻落实。缤客有一套默认的标准化指标，但团队也可以为自己进行的特定测试自行选择指标。

像缤客这样的测试基础设施有两个重要的现实意义。第一，它们让企业可以为大多数产品的相关决策提供测试性证据；最终团队不仅在如何将测试结果转化为管理决策的问题上保留了控制权，而且在分析哪些指标可以作为结果以及对各个指标赋予多大权重的问题上也拥有了一定的灵活性。第二，它们帮助更多的员工对测试的方法有了基本的了解，包括假设检验、实际显著性（Practical Significance，意指效果的大小）、统计显著性以及不同结果指标的优点和局限性。

缤客的测试基础设施在大型科技公司中越来越普遍。一些知名的初创公司也在开展测试，但相比之下它们的测试数量更少，定制化程度也更高。例如，新加坡的约会应用程序平台 Paktor 大概每两周进行一次测试。此外，从澳大利亚联邦银行到沃尔玛，越来越多的线下机构都开始想方设法地在更大的范围内进行测试，从而为其最紧迫的决策提供有用的信息。

测试带来的回报

测试已经为科技公司带来了巨大回报。这里举几个例子。

- 微软的搜索引擎必应（Bing）进行了一项测试，在该测试中，对广告在屏幕上的物理尺寸做了改变。必应发现，增大广告的显示尺寸虽然会导致用户看到的广告总数减少，但可以提高用户的参与度。曾任微软云计算与人工智能事业部测试副总裁的罗恩·科哈维（Ron Kohavi）表示，这一简单的变化每年能额外创造 5 000 万美元的利润。
- 经济学家迈克尔·奥斯特罗夫斯基（Michael Ostrovsky）和迈克尔·施瓦茨（Michael Schwarz）利用经济学理论，在雅虎开展了一项测试。在该测试中，他们测试了与广告拍卖系统相关的新规则，随后每年为雅虎带来了数百万美元的利润。
- 亚马逊发现，将信用卡服务从主页转至购物车页面的改动方案使公司利润增加了数百万美元。
- 我们将在第 8 章中看到，全球最大的门票交易网站 StubHub 进行的一项测试促使该公司改变了向客户显示费用的时机。这一细微的变化大大提高了公司营收。

测试也使得昂贵和低效的项目被叫停，或者项目还没开始就被阻止了。例如，微软斥资 2 500 万美元将 Facebook 和 Twitter 的内容整合到必应的搜索页面上，但测试结果显示，这种做法对提高用户参与度和公司营收并没有多大效果。我们也将在第 6 章中看到，一项测试使 eBay 每年省下了 5 000 万美元的广告支出。

精妙的测试可以帮助改进产品设计、制定广告决策、引导投资方向。然而，测试也带来了挑战。在接下来的几章中，我们将讲述 eBay、优步、Facebook、阿里巴巴和 Upwork（全球最大的自由职业工作社区）等公司进行的著名测试，以便更好地了解测试在科技行业和其他领域的价值和局限性。

测试指南

THE POWER OF EXPERIMENTS

1. 组织机构可能面临的 5 个常见的测试壁垒：
   （1）被试不足；
   （2）随机化很难实现；
   （3）测试需要数据来衡量效果；
   （4）低估决策者的不可预测性；
   （5）对我们猜测干预措施效果的能力过于自信。
2. 关键行动：承认证据胜过直觉以及测试正在变得越来越容易开展的事实。

The Power of Experiments

第 5 章

确立优化目标，用测试结果取代直觉和感性

• 爱彼迎改进房东偏见问题

THE POWER OF EXPERIMENTS

品觉导读

本章案例中，爱彼迎证明了实验具有揭示和改善周遭问题的能力。政策制定者、企业和研究人员可以通过实验进行交流，用数据取代直觉做出判断。自从数字时代崛起，数据的本质促使很多问题的根源显现出来，同时也意味着增加了可被改善的机会。下文中，爱彼迎深陷身份偏见问题的指控，那么我们来看看该公司在平衡道德伦理与商业效益方面，是如何运用实验的方式解决问题的

《纽约客》更新漫画，匿名公平交易正淡出

“在互联网上，没有人知道你是一条狗。”在这样一幅漫画中，一条坐在电脑前的狗对另一条狗调侃道。该漫画由彼得·斯坦纳（Peter Steiner）创作，于 1993 年刊登在《纽约客》杂志上。这幅漫画充分体现了早期互联网的匿名性。与其他平台相比，互联网能以匿名的方式进行互动和交易，尤其是在第一代电子商务平台上更具有变革意义。比如，一位来自马萨诸塞州坎布里奇市的意式浓缩咖啡爱好者可以通过互联网，在没有见到实物的情况下，从加州伯克利市的一个陌生人那里购买二手的瑞士优瑞（Jura Impressa）J9 意式浓缩咖啡机。

在互联网时代，保险变得更加便宜，旅行也更容易规划，待售书籍琳琅满目。这些都可以证明互联网提高了市场效率，并为消费者带来了更大的福祉。网络购物的早期时代，形势一片大好。

除了提高效率，电子商务的兴起还产生了另一个更加微妙的影响。在互联网的交易过程中用户的身份被淡化了，从而促进了公平交易，减少了长期困扰线下市场的身份偏见问题。以购置车辆为例，近几十年来，针对身份的偏见在消费者的购车过程中屡屡出现。经济学家菲奥娜·斯科特·莫顿（Fiona Scott Morton）、弗洛里安·策特

尔迈尔（Florian Zettelmeyer）和若热·席尔瓦－里索（Jorge Silva-Risso）发现，与线下的当面交易相比，网上汽车销售在价格上对客户的身份偏见更少。市场由此变得更加高效和公平。

但这种凭借技术进步而产生的乌托邦式的愿景未能延续下去。

时间快进到 2011 年。当时在大学一年级教书的卢卡（本书作者之一）对线上市场痴迷不已。他认为，即便是爱彼迎、优步和 Upwork 等新兴平台所采用的看似并不重要的网站设计，也有可能颠覆市场。那时，eBay 和亚马逊已经成立 15 年之久。

爱彼迎和其他新兴的第二代电子商务平台有其独特之处。与某些第一代电子商务平台所具有的匿名性不同，个人资料是这些新兴平台的重要组成部分。例如，爱彼迎上会显示租客和房东的姓名，通常还有他们的照片。此外，房东可以随时拒绝房客入住，不必解释原因。有段时间，爱彼迎会因为房东拒绝房客入住而惩罚前者，比如降低其出租房的搜索结果排名。后来，一位房东的出租房遭到破坏，此事引发了强烈关注，爱彼迎也取消了惩罚措施，并鼓励房东在对房客感到不放心的时候可以拒绝他们入住，哪怕房东对房客的情况知之甚少。随着时间的推移，针对拒绝房客入住的房东的惩罚措施在经过修改和调整后得以恢复，爱彼迎通过实验选择性地对拒绝房客入住的房东施以惩罚。

相比之下，旅游网站亿客行（Expedia）上的房产管理者（主要是酒店的房产管理者）只是列出可用的客房，几乎任何人都可以在网站上预订。显然，爱彼迎为租房市场带来了巨大的变化。匿名性不再是互联网的广泛特征，正如 1993 年那幅《纽约客》漫画所表达的那样，而是成为各平台可以自行选择是否采用的一种设计。

卢卡和同事本·埃德尔曼（Ben Edelman）共同撰写了关于爱彼迎的案例研究，以此来了解该平台是如何帮助房东和房客建立起信任关系，从而使房东放心让陌生人住进他们的私宅。起初，我们思考了有关建立信任的常见问题。通过这一研究，我们发现，该平台上的个人资料十分重要。另外，爱彼迎为房东提供了可以拒绝房客入住的灵活性，因此我们也想知道这是否会导致在其他网络平台上很难发生的身份偏见情况的出现。房东是否会不愿意把房子租给其不认可的人？1968 年颁布的《公平住房法》（*Fair Housing Act*）有效遏制了线下租赁市场上身份偏见的出现。通过监管和执法，短租和长租市场上身份偏见问题的发生概率降低了。我们与爱彼迎分享了相关案例研究，卢卡还与该公司的员工进行了交谈。不出所料，爱彼迎对这一新的研究方向不感兴趣，并多次公开否认其平台上存在身份偏见。

匿名公平交易的概念在新兴的电子商务平台上逐渐淡出，一个更公平的互联网时代随之成为泡影。2015 年，《纽约客》刊登了一幅由卡姆拉安·哈菲兹（Kamraan Hafeez）创作的漫画，1993 年那幅漫画中的两条狗也出现在其中。而新漫画的标题是："还记得曾几何时，在互联网上没有人知道你是一条狗吗？"

揭露爱彼迎偏见问题的测试

2014 年，科技公司企业家和投资人里德·肯尼迪（Reed Kennedy）发现自己在爱彼迎上预订房源时屡遭拒绝，他怀疑自己受到了区别对待。他的个人资料中有他本人的照片，所以他的非裔美国人身份可能是房东在决定是否允许他入住时首先考虑的因素。肯尼迪联系了爱彼迎，说明了自己对被拒原因的猜测，并且以为爱彼迎也会想要知道个中缘由。

他收到了爱彼迎客服的电子邮件回复："我们向您保证，您被房东拒绝的原因绝对与您的身份无关。您联系了多位房东，寻找最适合您的房源，在这方面您做得很好。对于您的担忧，我们十分理解，爱彼迎对本平台是否存在身份偏见问题向来十分重视。如果确有问题，我们会立即联系房东。不过，房东有权以任何理由拒绝房客。"那么，爱彼迎到底想表达什么呢？是不允许房东有身份偏见，还是允许房东以任何理由拒绝房客？

这位客服还告诉了肯尼迪如何才能成功找到住房。

首先，她建议肯尼迪找几个推荐人为其担保："推荐信是让朋友为您担保的好方法，有助于您在爱彼迎上建立值得信赖的声誉，因为推荐信会出现在您的公开资料中。您可以前往您的个人资料，依次点击'推荐信''申请推荐信'，通过电子邮件、Facebook 或爱彼迎平台申请推荐信。只要推荐人在其爱彼迎账户上拥有头像，推荐信就会出现在您的公开资料中。"所以肯尼迪应该找几个推荐人，而且推荐人必须在爱彼迎上有头像照片。

其次，爱彼迎客服还建议肯尼迪寻找会接纳任何人的房源，而不是他真正喜欢的房源："我建议您使用我们的即时预订（Instant Book）功能。如果某个房源的即时预订功能是开启的，您就可以立即预订，不必等待房东确认。"意思是说，走运的肯尼迪，他可以住在自己喜欢的任何地方，只要房东没有身份偏见就行。

爱彼迎客服继续对肯尼迪说，只要听从她的建议，就不会找不到合适的房源。同时，她承认肯尼迪联系过的那些房源实际上并没有人住。她甚至鼓励肯尼迪“在有了几封推荐信之后再次联系房东”。

最后，爱彼迎客服向肯尼迪提供了100美元的代金券，作为对他的补偿。但真正的致命一击是这封电子邮件的最后一句话：“肯尼迪先生，祝您在爱彼迎上预订成功。从您的照片中，我可以看出来您是个好人。”

此时，卢卡和埃德尔曼已经在研究爱彼迎的案例，分析2014年我们从爱彼迎平台上收集到的数据。这些数据让人联想到——但不能确凿无疑地证明房客对房东的偏见。那篇论文显示，非裔美国人房东在爱彼迎平台上的每晚租房收入少于拥有类似房源的白人房东。但这似乎不能帮助证明房东区别对待非裔美国人房客的结论。

于是，卢卡和埃德尔曼邀请拥有法律专业学位的经济学博士生丹·斯维尔斯基（Dan Svirsky）加入他们的团队，继续探讨这一问题。我们进行了一项测试，以便解答一个疑问：在爱彼迎上，是否确实存在对房客的区别对待。

肯尼迪通过新闻得知卢卡正在对爱彼迎可能存在的身份偏见问题进行研究，于是他向卢卡讲述了自己的遭遇。现在你可能已经猜到了，卢卡对爱彼迎的回复并不满意。爱彼迎怎么能如此肯定肯尼迪没有遭受身份偏见？在没有收集数据的情况下，爱彼迎当然不能如此肯定，但这家公司似乎对收集数据不感兴趣。爱彼迎这名客服的答复符合该公司当时正在采取的总体战略，那就是利用道德上的回旋余地，战略性地选择避免寻找平台上可能存在身份偏见问题的证据，以免必须采取任何行动。

爱彼迎的高管之所以如此漠然，主要原因在于已有的非测试性证据模棱两可——虽然这些数据会让人浮想联翩，但起不到决定性作用。如果爱彼迎的高管确切地知道身份偏见是爱彼迎平台上的一个普遍问题，就会被迫采取行动去解决这一问题，不管是因为监管、公众压力还是人性。但是，只要爱彼迎高管能够歪曲证据，让自己和他人相信他们的平台不存在身份偏见现象，他们就可以继续不把身份偏见当一回事。2014 年，卢卡和埃德尔曼的那篇论文发表后，爱彼迎发布新闻稿，回避身份偏见问题，对相关数据熟视无睹。

肯尼迪与爱彼迎客服部门通过电子邮件进行沟通时，卢卡正在跟埃德尔曼和斯维尔斯基一起开展测试。我们假装成房客，向美国境内大约 6 400 名爱彼迎房东发出租房请求。所有请求内容都是相同的，除了一点：半数请求来自姓名在白人中更常见的房客，以人口出生记录为依据，如布雷特和托德；其余请求来自姓名在非裔美国人中更常见的房客。具体来说，就是从统计角度来看，在非裔美国人中更常见的姓名，如达内尔和贾马尔。也就是说，我们选择的姓名会暗示虚拟房客的身份。在这项测试中，我们没有放上照片，因为增添照片会使我们更难以确保房客的个人资料中除了身份特征以外的条件都是完全相同的这一点。这个测试采用的方法，类似于经济学家玛丽安娜·伯特兰（Marianne Bertrand）和塞德希尔·穆来纳森在 2001 年和 2002 年用来研究劳动力市场是否存在身份偏见的方法，也让人想起 20 世纪 70 年代，政府组织为评估线下住房市场的身份偏见而进行的研究。

测试结果令人沮丧。姓名具有非裔美国人特色的房客，其租房请求被房东批准的可能性比姓名具有白人特色的房客低 16%。从便宜的房源到昂贵的房源，从独立公寓到客房，从微不足道的小房东到违反了《公平住房法》的大房东，我们在各种街区和房源类型中都发现了身份偏见问题。

当谈到这些测试结果时，我们会思考，是不是因为房东认为非裔美国人房客普遍比其他房客表现更差，因此更倾向于拒绝前者。经济学家称之为“统计歧视”，也就是说，房东会因为身份偏见推断房客的私人习惯。我们的数据为解答这个疑问提供了一些信息：基于平台上的租后评价，我们观察到的身份偏见现象集中于从未接待过非裔美国人房客的房东，因此他们的偏见并不是以亲身经历为基础的。相比之下，在我们的测试中，曾经接待过非裔美国人房客的房东区别对待非裔美国人房客的可能性要低得多。因此，非裔美国人房客与白人房客存在系统性差异的任何推论必然来自刻板印象以及外显或内隐的身份偏见，而不是来自房东先前接待过非裔美国人房客的亲身经历。这也表明，减少偏见的一个可能的途径——接触更广泛的人群，不太可能会消除我们在爱彼迎上观察到的偏见。

我们的研究结果于 2015 年 12 月公开发表，再加上在爱彼迎遭受到身份偏见的用户越来越不满，这些都使爱彼迎承受着来自用户、记者和政府官员的重重压力。

爱彼迎再也无法躲在毫无根据的断言背后，继续声称不存在身份偏见问题了。正当该公司面临的公众压力日益攀升时，卢卡和埃德尔曼收到了一位前同事发来的电子邮件，这位前同事当时是爱彼迎的高层管理人员。他飞赴波士顿，到卢卡家里吃了顿便饭。两人的谈话细节不得而知，但他似乎乐观地认为，他可以说服爱彼迎对我们发现的身份偏见问题采取措施。

与此同时，政府律师和政策制定者开始认真考量爱彼迎在此事中的责任。一些用户开始动摇，不知道自己是否真的想要继续支持爱彼迎这样的公司。美国国家公共广播电台（NPR）的节目《隐藏大脑》（*Hidden Brain*）播报了我们的研究发现，然后在 Twitter 上举办了一场聊天活动，数百人使用"# 爱彼迎上黑人的待遇问题"（#AirbnbWhileBlack）这个话题标签分享了他们在爱彼迎受到区别对待的经历。美国一个名为"国会黑人核心小组"（Congressional Black Caucus）的组织致信爱彼迎首席执行官，敦促该公司采取行动。

> 希望爱彼迎考虑采取一些常识性措施来避免对用户的偏见，比如迈克尔·卢卡博士于 2016 年 6 月 2 日发表在《华盛顿邮报》上的那篇文章中提出的措施，包括"减少爱彼迎显示房客照片和姓名的频次和范围；增加即时预订功能的使用，在决定预订哪个房间的问题上消除房客与房东的主观对话；将爱彼迎的反身份偏见政策变成每次预订房间交易时的固定通知"。

我们进行的测试和提出的解决方案促成了这段基于证据的对话，爱彼迎最终决定根据我们的研究结果采取行动。爱彼迎建立了一个工作组，成员包括多名前政府官员和多位学者。当然，爱彼迎之所以采取这一举措，至少在一定程度上是因为它希望化解公关危机，以免公司声誉和利润受损。从商业角度来看，爱彼迎的网页设计选择显然助长了身份偏见现象的发生，而它只要做出改变就能够在很大程度上化解这个问题。现在就看爱彼迎会怎么做了。

用测试帮爱彼迎做出设计改变

爱彼迎工作组在大方向上有 3 个选择。

一个极端的选择是继续维持现状，不采取任何措施来减少身份偏见。

另一个极端的选择是从用户个人资料中完全剔除姓名、照片和其他所有的身份识别信息，而这一选择肯定能消除爱彼迎平台上的大多数身份偏见现象，但也会带来风险。个人资料是爱彼迎用户之间建立初步信任的有效工具，剔除身份识别信息会使这种信任大打折扣。

第三个选择是在个人资料中保留用户的姓名和照片，通过做出其他改变来减少身份偏见。这些变化包括使照片不那么显眼，如缩小照片的尺寸或把照片放在不太醒目的位置，让更多房东采用即时预订功能，或者更新条款和条件来更明确地禁止身份偏见。我们已经在谈话中以及刊载于《哈佛商业评论》的一篇文章中提出了这些想法。

假设你是爱彼迎工作组的成员，你会提出什么建议？你会为了减少身份偏见而设定什么具体的目标吗？你会如何衡量所实行的举措是否算是成功？

在我们的研究团队首次联系爱彼迎 5 年之后，也就是我们第一篇记录有关身份偏见的暗示性证据的文章发表 2 年之后，即公布测试结果并首次提出建议近 1 年之后，工作组的提议终于在 2016 年 9 月浮出水面。

爱彼迎决定走中间路线。房东可以继续看到房客的姓名和照片，然后决定是否拒绝房客的租房请求。但该公司也承诺采取一些帮助减少身份偏见的补救措施。工作组的提议包括房东可自行选择接受有关预防身份偏见问题的培训（但他们没有透露有多少房东接受了这项培训），以及帮助那些因为受到身份偏见而预订失败的房客寻找其他房源。但最有效的提议，是增加不事先查看房客个人资料就愿意接受合格房客的房东数量，即鼓励更多房东使用曾经推荐给肯尼迪的即时预订功能。爱彼迎在其报告中承诺："到 2017 年 1 月，会使 100 万套房源可以通过即时预订功能进行预订。"该公司还考虑到了针对房东的身份偏见问题。为此，公司按照卢卡的建议，将房东的照片从搜索结果主页面上移除，这意味着房客需要点开下一级页面才能看到房东的照片。当时，房客的照片在爱彼迎平台上仍然非常显眼。

对这些变化感到满意吗

在卢卡的实验结果发表之后，爱彼迎组建了一支数据科学团队来研究身份偏见问题，并探索可能会有用的解决方案。例如，公司承诺"通过测试，使房客的照片在预订过程中不那么显眼"。总之，爱彼迎将开展测试，测试那些旨在减少身份偏见问题的改进措施的实行效果。

如果想要对这支团队开展的测试有一个大致了解，不妨考虑一下他们的目标，即提高即时预订房源占整体房源数量的比例。有许多方法可以做到这一点。他们可以将针对房东的默认选项改为"即时预订"。房东如果想改变这一选项结果，就必须主动更改设置，就像我们之前讨论默认选项时所说的那样。另外，他们还可以付钱让房东采用即时预订功能，或者可以把开启了即时预订功能的房源排在搜索结果前列，利用市场力量来奖励那些采用即时预订功能的房东。爱彼迎对诸如此类的各种备选方案进行测试。

在测试备选方案时，爱彼迎的工作人员也在思考，这些举措能否减少房东对房客的身份偏见。该公司还考虑了另一个问题，这些变化会不会给公司带来财务损失，或者导致房东、房客双方的体验都更糟糕。当工作人员测试出采取这些措施会产生的效果之后，他们会进行取舍，衡量公司应该在平台上保留多大程度的涉及身份偏见现象，又能避免疏远用户（有些用户可能就是喜欢显示身份偏见的选项），然后再决定做出哪些改变。

坦白说，我们很高兴地看到爱彼迎正在通过测试来解决这些棘手的问题。但我们也失望地发现，爱彼迎对政策制定者和公众隐瞒了一些测试的结果，隐瞒了取舍过程，尽管这些权衡取舍关系到政策制定者和用户。该公司也隐瞒了其改进措施的总体效果。如果一家公司如此遮遮掩掩，很难不让人联想到所谓的“没有消息就是坏消息”。就爱彼迎的案例而言，人们会觉得大量的身份偏见现象仍将持续下去。对爱彼迎来说，下一个改进的重点应当是使公司事务更加公开透明。

监管机构也在持续关注事态进展。2017 年春天，爱彼迎和加利福尼亚州达成协议，允许该州对爱彼迎平台上的身份偏见现象进行测试。这一测试很像我们之前进行的测试，但规模更小。这将使加利福尼亚州能够持续监测可能存在的身份偏见行为，在必要时加大执法力度。

爱彼迎的网页设计也在不断演变。该公司在 2018 年宣布，房东只有在决定是否接纳房客之后才能看到房客的照片。我们与爱彼迎的员工进行了谈话，可以明显看出，在这家公司里，仍有很多员工致力于减少身份偏见。而同样明显的一点是，想要创造一个更加公平的科技行业，还有很长的路要走。

测试带来的四重价值

在爱彼迎同偏见问题做斗争的过程中，测试发挥了关键作用。是一项测试率先揭露了身份偏见问题，迫使爱彼迎正视这一问题的。一系列测试让爱彼迎得以了解不同的设计选择会如何影响身份偏见的严重程度，并最终决定了该公司应该做出怎样的改变。而且，测试可以使监管机构识别和监管身份偏见行为。

我们不希望爱彼迎存在身份偏见现象，而是更乐于见到测试能帮助它发现和减少身份偏见现象。从更广泛的意义上来说，爱彼迎的案例证明，测试具有揭示周遭世界发生的问题并改善问题的能力。企业和政府组织需要更好地了解测试的价值和风险，并且要知晓如何开展测试。政策制定者、企业和研究人员需要更多地通过测试进行交流，用确凿的证据取代直觉和感性。

测试可以通过 4 种主要方式使组织机构受益。

目的 1：验证看法和机制

正如上文所说的，在卢卡、埃德尔曼和斯维尔斯基的爱彼迎测试中有一个潜在假设，那就是房东之所以对非裔美国人房客有偏见，是因为他们曾与后者有过不好的相处经历。通过将测试结果与爱彼迎房东的过往房客数据相结合，我们能够对这一看法进行验证，从而发现事实并非如此。

一般来说，很多时候，管理者会对特定情况下发生的事情产生一种看法。测试有助于证实或否定这些看法，揭示社会科学家所说的机制，换句话说，就是揭示什么导致了我们所看到的模式。

目的 2：了解程度大小和权衡取舍

我们最初针对爱彼迎的测试显示，在其他条件相同的情况下，非裔美国人房客被房东拒绝的可能性比白人房客高出大约 16%。这表明身份偏见问题是普遍存在的，不管是只出租一间闲置卧室的小房东，还是拥有多个大型高档房源的大房东。

在爱彼迎做出改变之后，你认为该平台上还会存在多大程度的身份偏见？非裔美国人房客被拒绝的可能性比其他房客高出 5%？还是 10%？遗憾的是，我们不知道，因为爱彼迎没有公布这方面的数据。因此，我们不可能知道爱彼迎在做出改变时究竟进行了怎样的权衡取舍。例如，在非裔美国人房客被拒绝的概率比其他房客高出 10% 的情况下，如果这意味着房东达成交易的可能性总体上会提高 0.1%，那么爱彼迎可能就会接受这种程度的身份偏见现象。公开透明地讨论此类权衡取舍将促进爱彼迎与监管机构、员工和用户的持续对话。

测试能够清晰地展现因为设计改变而发生的取舍过程。一旦确定了这些权衡取舍，测试人员就可以确信，如果他们对前进的道路产生分歧，那也是基于对权衡取舍的不同偏好，而不是由于对哪些措施可能奏效的不同猜测。

目的 3：评估政策

在决定进行哪些改变的问题上，爱彼迎做出了一系列改进。将房东的照片从搜索页面上移除？可以。将房东的照片从房源页面上移除？不行。扩大即时预订功能的使用范围？可以。要求房东必须采用即时预订功能？不行。

最后，爱彼迎推出了经过重新设计的平台。由于这些变化相互影响，加上公司的测试可能已经测试了与最终版本不同的各种选项，因此测试的价值不仅在于测试单独的假设、机制和调整措施，还在于将新页面作为一个整体来加以评估。这不能像先前的测试那样，让爱彼迎准确识别出是哪些调整措施导致了不同程度的变化，但可以向公司展示全套改进措施的总体影响。

目的 4：发现事实

有时，你不需要去验证出一个什么结论。抛开爱彼迎的例子不谈，很多时候，你只是想确保不会出现问题，或者不会错失某项伟大的创新，你只是单纯地想知道如果对流程进行调整会发生什么。测试在这方面也能发挥巨大的作用，要找出你认为流程很重要却不知道为什么这么重要的原因。例如，假设你在帮助 eBay 选择字体。它应该改用 Courier 字体吗？针对这一问题粗略地得出结论可能很难令人信服，但是查看测试结果是非常简单的。

测试指南

T H E
P O W E R
O F
EXPERIMENTS

1. 测试具有揭示和改善周遭问题的能力。
2. 测试可以通过 4 种主要方式使组织机构受益：
   （1）验证看法和机制；
   （2）了解程度大小和权衡取舍；
   （3）评估政策；
   （4）发现事实。
3. 关键行动：学会更好地了解测试的价值和风险，并且要知晓如何开展实验；学会更多地通过测试进行交流，用确凿的证据取代直觉和感性。

The Power of Experiments

第 6 章

构建合适的框架，不要依赖于测试中的某个数据点

• eBay 和 Yelp 的广告策略

品觉导读

本章描述了搜索广告的惯性陷阱，很多大品牌的广告都是白送钱给Google。大家绝对难以想象用户居然会很习以为常。在Google搜索eBay的时候，用户会养成点击广告进入该网站的习惯，而非自然搜索再进入。中国其实也有类似的例子。在停止购买某个广告之前，管理者的直觉是担心影响流量，所以他们往往不急于做决定。在企业的营销运作中不乏类似的情况——尽管营销效果出现了问题，还继续犹豫不决。这时候，解决问题的办法或许就是设计出一套测试的方法，以减少管理者的疑虑

购买搜索广告划算吗

你是不是很好奇 Google 靠什么赚钱呢？毕竟，人们使用 Google 进行搜索是免费的。想要了解 Google 的商业模式，那就需要知道这个平台是如何运作的。众所周知，Google 拥有强大的搜索引擎，该引擎能为搜索者提供其他网站的链接列表。要做到这一点，Google 首先需要搜查网络，密切留意用户可能感兴趣的数百万个网站——从旅行社到报纸再到零售商的各类网站。该公司大力研发算法，对人们过往的搜索结果进行分析，由此弄清楚特定的搜索词主要是用来搜索哪些网站的。整个过程之后，Google 能够在你搜索关键词时向你展示一系列网站链接。例如，搜索“芝士汉堡食谱”，网页可能会链接到各种烹饪网站。

虽然 Google 搜索不收费，但它照样可以赚钱，因为它出售广告，而广告就位于搜索结果旁边。想要知道这是怎么回事，不妨试着多在 Google 上搜索几次。你将看到作为主搜索结果的一系列链接，这些被称为有机搜索结果。但是在它们的上方，至少就某些搜索结果而言，你将看到一个链接，旁边写着两个字——“广告”。这些广告就是 Google 从其搜索引擎产品中获取收益的渠道。

你可能把 Google 当成了搜索引擎，但企业却把 Google 视为广告平台。在精心安排的广告拍卖中（Google 决定向搜索用户展示哪些广告），企业可以竞标搜索词。这是一门非常有利可图的生意。仅在 2017 年，Google 的广告收入就高达约 1 000 亿美元。

100 多年前，百货公司巨头约翰·沃纳梅克（John Wanamaker）风趣地说："我花在广告上的钱有一半都浪费了。问题是我不知道是哪一半。"而互联网时代为组织机构提供了评估广告效果的新方法，那就是开展测试。

eBay 广告测试，做决策不能完全依赖相关性

当你在 Google 上搜索"eBay""eBay 鞋子"等关键词时，第一个搜索结果就是指向 eBay 网页的链接。时任 eBay 经济研究团队负责人、加州大学伯克利分校的著名技术经济学家史蒂夫·塔德利斯（Steve Tadelis）发现，当用户搜索"eBay"以及与该品牌相关的其他关键词时，eBay 自己也正在 Google 上花钱打广告。于是，他开始考虑 eBay 是否应该改变广告策略。与公司营销团队进行沟通后，塔德利斯发现，公司每年的 Google 广告支出约为 5 000 万美元。营销团队对塔德利斯说，他们觉得这笔投资很划算，点击了广告的很多用户最终都在 eBay 上购物了。这难道不算成功吗？

塔德利斯没有被说服。他指出了潜在的选择性偏差，那就是 eBay 的广告是定向的，目标受众是在 Google 上搜索 eBay 的人，也就是本就准备在 eBay 上购物的人。换句话说，即使 eBay 不打广告，这些人也很可能会在 eBay 上购物。

于是，一项测试应运而生。既然 eBay 可以用因果证据代替直觉，那我们干吗还要猜呢？

eBay 经济研究团队的经济学家汤姆·布莱克（Tom Blake）、克里斯·诺斯科（Chris Nosko）和塔德利斯进行了一系列测试，想要确切地知道 Google 广告的经济回报究竟是多少。出于测试目的，他们在一些市场上打开 Google 广告，在另一些市场上关闭 Google 广告。他们追踪了 Google 广告为 eBay 带来的流量，更重要的是，他们还追踪了来自官网有效链接的流量，也就是通过非 Google 广告搜索链接来访问 eBay 网站的人。

测试结果令人惊讶。在关闭了 Google 广告的市场上，eBay 确实失去了一直以来通过广告获得的所有流量。然而，在这些市场上，eBay 的官网有效流量，也就是并非通过广告进入网站的流量大增。这是怎么回事？显然，在 Google 上搜索“eBay”或者与 eBay 有关的关键词的用户以前一直都是点击广告，因为他们觉得没必要滚动屏幕，点击广告下方的有效链接。但现在广告没有了，于是他们转而点击第一个有效搜索结果。就这些搜索用户而言，eBay 本质上是用损失的每一次广告点击来换取免费的有效链接点击。也就是说，eBay 每年付给 Google 的大部分费用都是一种浪费。不过，eBay 确实发现，如果某个产品不常与 eBay 的品牌联系在一起，那么给其打的广告将会大幅提升它的销量。例如，eBay 大大受益于“二手 Gibson Les Paul 吉他”广告，因为用户在搜索吉他的时候可能不会想到 eBay。另外，广告对于不经常到 eBay 上购物的用户更有效，因为他们不太了解 eBay 出售的产品种类。这一发现印证了一个观点，那就是广告在向不太了解情况的潜在客户提供信息时，才更有效。

进行了这项测试之后，eBay缩减了投入Google的广告支出。如今，在Google上搜索“eBay”只会出现官网有效搜索结果，因为eBay不再给“eBay”这个搜索词打广告了。

eBay浪费的广告开支表明，在做决策时不能完全依赖相关性（在这个例子中，是指用户点击广告和购买产品之间的相关性），因为决策者必须考虑到这种相关性有可能不是因果关系。eBay的广告测试使公司对其花钱在Google上打广告的策略产生了质疑。从更广泛的层面上来说，eBay的广告测试凸显了利用测试来解答商业问题的重要性。

贾斯廷·拉奥（Justin Rao）和安德烈·西蒙诺夫（Andrey Simonov）的研究显示，eBay的测试公布之后，在搜索关键词方面没有竞争对手打广告的大公司中，约11%的公司停止了对自己公司的关键词打广告的动作。但这项研究还表明，企业似乎没有吸取另一个重要的教训，那就是应该开展自己的广告测试。

Yelp广告回报，搜索广告是否对小公司更有效

eBay的测试估算了一家名牌大公司的广告回报。在那之后，我们中的一人（卢卡）与合作者黛西·戴（Daisy Dai）、金贤真（Hyunjin Kim）开始着手研究“在人们进行定向搜索的背景下，搜索广告是否对小公司更有效”这一课题。我们找到了Yelp首席运营官杰夫·唐纳克（Geoff Donaker）。Yelp是供用户点评当地商家和服务机构的平台，同时它也向这些商家和服务机构出售广告位。

Yelp 参与了我们的大规模测试。在为期 3 个月的时间里，Yelp 为数千家餐馆提供了免费广告。这些广告是 Yelp 当时对外出售的标准餐馆广告位，每个月在该网站至少展示 1 000 次。广告会在不同的时间段出现，例如，在搜索“比萨”时，可能出现 T. Anthony 的比萨广告。和 eBay 的 Google 广告一样，这也是一种搜索广告。但与 Google 广告不同的是，Yelp 上的商家不能自行选择关键词，而是由 Yelp 利用算法来决定应何时何地展示这些广告。

不同于 eBay 的测试结果，我们发现，广告对于样本中的小公司来说具有很好的效果。获得了免费广告的商家，其页面的访问量大幅增长，Yelp 用来衡量消费者意图的指标（例如，打电话给餐馆或者查找前往某商家的路线）也显著提升。

这些结果反映了两组测试之间的重要差异。eBay 是大品牌，竞争对手少，知名度高。相比之下，在 Yelp 上打广告的小公司往往知名度较低，因此更有可能受益于广告所能带来的品牌知名度的提高。与这些结果相一致的是，我们发现，Yelp 广告对于小公司发挥的效果超过了对著名大型连锁店（比如麦当劳或 Applebee's）的效果。此外，Yelp 广告对评价较高的商家更有效果。这些广告能够提高企业的知名度，这一结果对质量较高的企业更有价值。高质量餐馆的广告可能有助于吸引回头客，因为他们已经知道了这家餐馆，并愿意继续光顾。

如你所见，组织可以从类似的测试中得出迥异的测试结果和结论。想要知道一种效应，如广告的回报或奖金的价值在特定环境中的强度或者影响方向，组织必须在各种环境中进行测试，着重构建合适的框架，而不是仅仅依赖它们从测试中看到的某一个数据点。

例如，营销团队可能希望开展测试，弄清楚哪些类型的关键词对其品牌最有效，或者广告能在多大程度上为它们带来长期的品牌效应，抑或是被广告吸引而来的客户有多大可能会成为回头客。这些问题的答案可能会因为品牌、时间、平台的不同而变化。虽然前路漫漫，但广告领域正变得越来越重视科学，其中，即便是进行简单的测试，也会带来深刻的洞见。

测试指南

THE POWER OF EXPERIMENTS

1. 互联网时代为组织机构提供了评估广告效果的新方法，那就是开展测试。
2. 在做决策时不能完全依赖相关性。
3. 关键行动：想要知道一种效应在特定环境中的强度或者影响方向，组织必须在各种环境中进行测试，着重构建合适的框架，而不是仅仅依赖于它们从测试中看到的某一个数据点。

The Power of Experiments

第 7 章

提出正确的问题，用测试梳理边界条件和机制

- 阿里巴巴停止扩大的打折计划

品觉导读

有人说电子商务是互联网行业中最让人操心的领域，特别是在如此透明的互联网环境中，定价策略显得尤其重要。从前说货比三家，如今被宠坏了的顾客已经到了待价而购的地步，他们会坐等你减价。于是优惠政策成了重要的营销手段之一，测试则成为找出最佳方案的手段。但关键在于什么是成功的方案，如何在短暂的促销和长期的客户忠诚度之间达成平衡？由此可见，实验的目的如果定得很狭隘，短期的成功也可能会带来长期的隐患

阿里巴巴购物车打折计划

当听说组织机构会为了改善经营表现而进行实验时，我们会备感欣慰。不过，做实验虽然通常是一个明智的商业决策，但并非所有测试都是如此。本章探讨了一项为了达到重要的管理目标而进行的测试。这项测试不仅产生了有趣的结果，也凸显了从测试结果过渡到产品决策过程中所涉及的管理上的判断。

中国电商巨头阿里巴巴是全球最大的零售商，估值超过 5 000 亿美元。和亚马逊一样，阿里巴巴是一个在线交易市场，其他零售商可以在其平台上销售产品。2016 年，该公司迅速扩张，连续 2 年的季度营收增长幅度超过 50%。为了延续这一惊人的增长势头，阿里巴巴不断探索各种方法，其中包括开展旨在改善其电商业务的测试。

阿里巴巴的测试涉及的一个领域是给用户提供的折扣。虽然该平台允许零售商自行定价，但阿里巴巴仍通过多种方式，在一定程度上对用户最终支付的价格加以控制。其中一种方式，便是决定卖家在何时才可以向客户发放定向优惠券。阿里巴巴想要弄清楚的是，在何种情况下提供折扣才最有利于提升其平台的用户参与度和留存率。

和大多数科技公司一样，阿里巴巴收集了大量的用户数据，包括浏览记录、购物记录和手机定位等信息。该平台利用这些数据来确定优惠券的发放时机。例如，顾客有时会把商品放进购物车，但并不立即购买。如果他们后来决定购买这些商品，可以重新打开购物车，但许多人最终并没有购买。为了促使顾客购买购物车里的商品，阿里巴巴允许卖家向那些将“促销商品”留在购物车内超过 24 小时的顾客提供大幅折扣。把顾客的购物车作为目标是很有吸引力的策略，因为优惠券不是提供给那些即使没有折扣也会购买的顾客的，而是只针对那些犹豫要不要购买产品的顾客，优惠券的出现可能有助于他们下定决心下单。这一策略还有另一个优势，那就是当决定是否购买商品成为顾客的首要考虑事项时，优惠券能及时送达顾客，而不是通过电子邮件将带有截止日期的折扣提供给顾客。

购物车打折计划是否真的改变了顾客的行为呢？2016 年初，一支管理研究团队与阿里巴巴团队携手合作，在阿里巴巴的两个平台上开展了一项随机的田野测试，对购物车打折计划的实际效果进行了衡量。

研究人员随机挑选了 100 万名阿里巴巴的顾客，这些顾客在 2016 年 3 月 12 日至 4 月 11 日期间成为平台上至少一项促销活动的目标受众。研究人员把他们分别归入了对照组和测试组。测试组的顾客获得了某些促销商品的优惠券，这些产品在他们的购物车里已经“待”了超过一天。与此同时，对照组的顾客没有获得任何优惠券。

阿里巴巴和这支研究团队在设计测试时，必须做出一些管理决策，即在决定是否继续实施，甚至是扩大购物车打折计划时，应该专注于哪些结果、考虑哪些因素。它们决定着眼于两点：第一，当商品打折时，顾客是否更有可能购买；第二，顾客在阿里巴巴平台上的消费总金额是否有所增加。

不出所料，测试结果显示，与不打折的时候相比，购物车里的商品在打折的时候更有可能被顾客购买。然而，从长期来看，他们在阿里巴巴平台上的消费总金额似乎并没有增加（研究人员分析了优惠券到期后至少 1 个月的数据）。这一结果表明，要么是因为折扣的效果太小，要么就是顾客放弃购买不打折的商品，转而去购买打折的商品。这些测试结果也意味着购物车打折计划对某些卖家有利，却对某些卖家不利。也就是说，对于后者来说，实际上并没有把蛋糕做大。

随后，该团队展开了进一步的研究。研究人员分析了被试在交易期之后几周的购物情况，测试时间为 2016 年 4 月 12 日至 5 月 9 日。在此期间，他们发现，在提供最初的优惠券后，平台的顾客参与度略有提升。例如，获得过优惠券的顾客会浏览平台上的更多商品。这是件好事，尽管不是特别重要。同时，这种顾客参与度的提升存在一个问题，那就是获得过折扣的顾客开始往购物车中添加更多的商品，并将这些商品留在购物车里，希望获得更多折扣。从长远来看，如果这种模式会导致顾客等待打折，而不是按原价购买他们想要的商品，那么这可能是件坏事。

如何利用测试改进打折计划

阿里巴巴是否应该继续实施购物车打折计划呢？答案在一定程度上取决于我们站在谁的角度上思考。提供定向折扣的卖家应该会很高兴看到打折带来的更多收入，有时不一定是利润，但从他们的角度来看，继续实施这一计划总是更好的。不过，如果是竞争减少的情况下，不打折反而可能对卖家更有利。

从平台的角度来看，事情会更加复杂。促销似乎没有提高总体消费水平，只是改变了分蛋糕的方式，而不是把蛋糕做大。这项测试的长期意义也并不明确。与科技行业的很多测试一样，阿里巴巴虽然衡量的是一项干预措施的短期效果，但它真正关心的是长期价值。如果顾客的策略行为（把商品放入购物车，等待打折时再买）随着打折意识的蔓延而越来越普遍，那么该策略行为可能会损害购物车打折计划的初衷，蚕食全价商品的销售份额。

根据这项测试并经过内部讨论，阿里巴巴决定不再扩大购物车打折计划。我们很高兴地看到阿里巴巴正在开展测试，而且实行得很好，但在从测试结果映射到管理决策的过程中，它遇到了一个重要的限制问题，那就是阿里巴巴似乎问出了一个不完整的问题。阿里巴巴的测试本质上是在问“这个计划应该存在吗”，而不是“这个计划应该如何设计”。这个区别很关键，因为购物车打折计划之所以效果不好，只是因为设计欠佳，而不是因为此类折扣活动本身存在缺陷。

具体来说，关于购物车打折计划，有几个设计元素对阿里巴巴来说应该更多去考虑。

首先，优惠券的曝光率相对较低。优惠券在发放当天就到期，1/3 的顾客在优惠券到期之前没有重新打开过购物车，因此他们根本不知道自己获得了优惠券。没有通过电子邮件向顾客告知这种低调的折扣发放动作，意味着购物车打折计划很容易被忽视。阿里巴巴本可以采取更多措施，让这些折扣活动变得更加广为人知，从而大幅度改变顾客的行为。

其次，现行的购物车打折计划允许卖家自行选择想要提供的折扣力度。这样就阻碍了测试人员去了解折扣力度对购买行为会产生的因果影响。在对结果进行总结时，测试人员写道："购物车打折计划提供的折扣力度通常不大，折扣率的平均值和中位数分别为 17% 和 13%。"如果阿里巴巴利用其可用数据，在提供多大折扣的问题上给出更好的建议，那么购物车打折计划的效果可能会更好。

最后，购物车打折计划对顾客满意度和长期参与度的影响依然不明确。研究团队对此直言不讳，指出他们的测试"不是旨在发现该计划的长期效果"。测试人员发现，测试组的顾客在随后的几个月里搜索了更多的商品，但这种情况在一年内就逐渐消失了。尽管购物车打折计划在改变顾客总体参与度方面不是很有效，但是如果有一个设计良好、执行到位的购物车打折计划的话，仍然有可能为阿里巴巴带来巨大的回报。

回头去看，这项测试凸显了利用测试来引导管理决策的希望和挑战。该测试让阿里巴巴在评估一项已经实施的特定计划时，可以用数据代替直觉，这是朝正确方向迈出的重要一步。但阿里巴巴在后续行动中考虑欠周。除了评估购物车打折计划本身外，阿里巴巴还应该对该计划的不同元素进行测试，以便更好地了解使测试更有效或更无效的各种机制。斯坦福大学经济学家、诺贝尔奖得主阿尔文·罗思经常提到他从"一系列测试"，而不是一项特定的测试中学到的东西，因为一系列的测试梳理出的各种机制，可以为人们提供更多洞见。虽然我们赞赏阿里巴巴将数据作为决策的基础依据，但该平台应该进行更多的测试，从而对购物车打折计划和定价策略的其他元素进行测试和完善，最终从中获益。

归根结底，想要在组织机构里进行成功的测试，能够提出正确的问题与解决这些问题同等重要。管理者不仅应该测试产品本身，还应该利用测试来构建框架，从而做出决策。这意味着要梳理出边界条件和机制。就阿里巴巴的测试而言，不仅要知道一种特定的定价形式是否有效，还要知道为什么以及如何使折扣活动在更广泛的范围内产生效果。

测试指南

1. 想要在组织机构里进行成功的实验，能够提出正确的问题与解决这些问题同等重要。
2. 一系列的实验梳理出的各种机制，可以为人们提供更多洞见。
3. 关键行动：管理者不仅应该测试产品本身，还应该利用实验来构建框架，从而做出决策。

The Power of Experiments

第 8 章

增加测试时长，别因为短期优化而忽视长期风险

- StubHub 更改定价策略

THE POWER OF EXPERIMENTS

品觉导读

依据不同文化背景下的道德标准，人们会对公然在平台上炒黄牛票这种现象有不一样的看法。有些经济学家认为，有效的市场机制本来就应该这样。但老百姓觉得票价被抬得太高了，削弱了公平性。市场效率与公平之间怎样取得平衡，相信这是每一位政策制定者的难题。在本书中提到的爱彼迎、Facebook、缤客、eBay、阿里巴巴、StubHub、优步，都是以数据为依据来制定政策的高手，但同时，大家对它们的道德评价及期望的标准也特别高。

2 500 美元的黄牛票

2016 年，著名宏观经济学家格里高利·曼昆（Gregory Mankiw）在《纽约时报》上发表文章，谈到了关于百老汇音乐剧《汉密尔顿》（*Hamilton*）的高票价。曼昆不是想抱怨每张超过 1 000 美元的高票价，也不是埋怨票价如此之高却还一票难求。相反，曼昆是在庆幸自己可以在全球最大的门票交易网站 StubHub 上以每张 2 500 美元的价格为家人买到黄牛票。这篇文章的标题是："我以每张 2 500 美元的价格购买了《汉密尔顿》的门票，对此我很开心"。

许多经济学家至少会在一定程度上同意曼昆的观点。而接下来这个故事，有助于解释为什么门票转售市场的存在有时是好事。在《汉密尔顿》开演的前两天，曼昆在 StubHub 上为家人购买了门票。作为一个在线平台，StubHub 提供比赛、音乐会、戏剧和其他现场活动的门票点对点转售服务。在 StubHub 上，卖家可以转售他们购买的或以其他方式获得的门票。根据顾客的不同需求，转售门票的价格与原票价相比，有时较高，有时较低。

有些人认为，以这种方式转售门票是不道德的行为。无论是戏剧还是比赛，都倾注了艺术家和其他人的心血和汗水，因此转售门票的人不应该不劳而获。另一些人也反对门票转售，理由是他们觉得应该让更多的人有机会接触戏剧和其他活动，而不是以转售门票的方式将门票变现。但曼昆认为，像 StubHub 这样的票务市场为原本互不相干的买家和卖家牵线搭桥，从而提高了经济效率。这一观点反映了经济学的一个核心原理：两个人之间的交易可以让双方都受益，而市场通常可以很好地组织经济活动。就本案例而言，曼昆宁愿花 2 500 美元观看《汉密尔顿》，也不希望错过这场演出而省下这笔钱。他写道："正是因为价格这么高，我才能够在如此短的时间内买到票。如果法律限制或道德制裁迫使票价保持在接近面值的水平，那么当我的家人开始计划去纽约旅行时，很可能就已经买不到票了。"那些门票的前主人大概更喜欢 2 500 美元现金，而不是选择去看那场音乐剧（或者他们只是由于某种原因不能去看）并失去 2 500 美元。StubHub 使此类交易更容易达成。

一般来说，曼昆的观点体现了市场效率在经济学世界观中的核心地位。近几十年来，经济学在不断发展的过程中，不仅考虑了市场是否有效，还考虑了应该如何设计市场，使其变得更有效、更有利可图。我们将看到，行为经济学在引导这些决策方面发挥了一定的作用，这些作用对顾客来说可能是好的，也可能是不好的，最终的结果还要取决于公司所采取的激励措施。

本章中，我们将探讨 StubHub 在设计其市场时必须做出的决策类型，以及测试在这些决策中所发挥的核心作用是什么。我们将看到，在追求效率和利润的同时，重要的变量因素可能会被忽视，那就是长期的财务结果以及政策决定可能对外部人员造成的潜在伤害。

StubHub 的定价策略测试

在 StubHub 上，个人卖家有权自行设定门票的价格，只是带有一些限制。这些价格可以高于或低于门票的面值。除了票价本身以外，买家还要支付运费、手续费和给 StubHub 的服务费。2015 年，当 eBay 团队开始考虑是否隐藏这些费用的时候，买家其实需要为每张票支付各类不等的费用，包括 15% 的服务费，外加运费和手续费。

StubHub 需要做出一个战略决策：应该在什么时候、以何种方式让用户知道这些费用。自 2013 年以来，StubHub 采用了“前端费”定价策略，即在消费者首次看到待售门票的那一刻，就向他们显示包含所有费用的门票最终价格。与之相反的是“后端费”定价策略，这是 StubHub 之前采用的策略，也就是消费者最初只能看到卖家收取的价格，在选定门票并跳转至最终付款页面后，消费者才会知道额外的费用。

StubHub 大力宣传“前端费”的定价方法，比如打出“结账时没有意外费用”的广告语。这种直截了当的方法非常具有吸引力，毕竟谁不曾因为那些隐藏的费用而恼怒过？尽管如此，但这并不意味着 StubHub 做出了最有利可图的选择。在付款页面出现之前，通过隐藏其他费用来降低总费用的显眼度，这样真的会提高买家的付款意愿吗？越来越多的行为经济学研究机构认为，需求不仅取决于总价格，还取决于价格的不同组成部分有多显而易见。

为了将这些看法变成解决方案，经济学家汤姆·布莱克、萨拉·莫沙里（Sarah Moshary）、凯恩·斯威尼（Kane Sweeney）和史蒂夫·塔德利斯——他们曾经都是 eBay 研究团队的成员——开始研究采用“前端费”策略还是“后端费”策略对公司来说更加有利。该团队的主要任务是利用经济学领域的知识和工具，为 eBay 及其子公司的策略设计提供指导。先前的研究表明，隐藏附加费用的方式可以提高顾客的付款意愿。因此，似乎可以认为，在购票过程的最后一步才显示附加费用的做法，能够诱使顾客在 StubHub 上花更多的钱，而这显然是公司所关心的结果。与此同时，这一效果的大小并不明确，而且这种变化可能会让那些希望费用公开透明的顾客感到不满。

因此，一项测试应运而生。2015 年 8 月的最后两周，StubHub 进行了一项测试。测试中，一些用户会看到以“前端费”方式定价的门票（StubHub 的现行政策），而另一些用户会看到以“后端费”方式定价的门票。在“前端费”模式下，用户在首次看到门票时就可以知道最终的付款价格，而在“后端费”模式下，用户只有在跳转至最终付款页面时才能知道最终的价格。

就像我们讨论过的很多测试一样，这项测试也涉及重要的管理问题。最终，StubHub 必须确定自己应该关注哪些数据，自己所关心的结果是什么，应该如何根据测试结果来做出决策，以及是否应该只考虑利润，而如果不是只考虑利润，那么还应该考虑什么。我们很快会谈到这项测试的结果。但是首先，假设该测试仍然处于规划阶段，请你思考一下，然后写下你的想法：你认为 StubHub 应该如何进行这项测试，研究团队应该关注哪些数据，StubHub 的管理者在决定是否改用“后端费“方式时，应该采用哪些标准。要知道，我们是教授，这就是你的作业。在阅读下文之前，请先回答上述问题。

追踪长期结果，用测试助推更好的决策

你认为 StubHub 应该考虑哪些数据？研究团队是否应该着眼于顾客是否完成了购买动作？顾客支付了多少钱？ StubHub 获得了多少收益？有哪些长期效应需要加以考虑，例如，隐藏的费用是否会影响顾客在未来继续使用该平台的可能性？在规划一项测试时，不妨事先思考一下这些问题，这样做有助于避免在你得到数据后曲解测试的结果。

StubHub 的测试进行了 10 天（这个时间长度对于科技行业的测试来说并不罕见），共追踪了几个主要指标，包括每个用户最后是否购买了门票，如果是的话，那么他们支付了多少钱。测试结果十分显著。在访问 StubHub 网站期间，“后端费”模式下的用户购买门票的概率比“前端费”模式下的高 13%，总费用上则是前者用户比后者用户多花费了 5.42%。这一结果表明，当附加费用被隐藏时，人们会购买价格更高的门票。

到现在为止，如果 StubHub 只关心短期收益的话，这些测试结果对它来说已经十分明确了。测试结果表明，当最后才加收附加费用时，用户更有可能购买门票，并且他们愿意花更多的钱。但这并不是这个案例故事的全部，而这就是为什么需要追踪更广泛的指标的原因。研究人员发现，虽然用户在附加费用被隐藏的情况下会购买价格更高的门票，但他们不太可能在随后几个月内去重新访问该网站了，而这一效应似乎被更高的门票销量和更高的单价所带来的收入增长掩盖了。

既然已经知道了测试结果，那现在是时候做决定了。StubHub

是应该继续沿用其费用透明的定价策略，还是应该转向隐藏附加费用的定价策略呢？正如我们所见，研究人员在测试中发现了 StubHub 因定价策略调整所产生的那些重要且微妙的效果。接下来，StubHub 必须弄清楚如何将这些变量，包括用户购买的可能性、每次购买的金额、用户在未来继续购买的可能性，映射到该公司关心的结果上来，比如长期的盈利和增长。

虽然隐藏费用的做法暴露出了一些缺点，但至少就收益而言，总体效果是好的。如果没有做这项测试，StubHub 就不可能知道隐藏费用的做法是利大于弊的，至少就短期收益而言是这样的。

从可用数据来看，虽然测试结果表明隐藏费用的做法是有利可图的商业选择，但 StubHub 可能仍然不愿意改用这种做法。我们不难看出个中原因，哪怕是从单纯的商业角度来说。和很多测试一样，StubHub 的这项测试主要捕捉了相对短期的效应。从长远来看，随着用户逐渐意识到这种新的费用隐藏策略及其带来的影响，他们可能会彻底放弃使用 StubHub。这是测试工作者面临的一个长期问题。不管是 StubHub、Google 等公司的管理人员，还是政府的政策制定者，几乎总是更容易、更快地获知短期结果，而大多数领导者同样重视长期结果。

在进行测试时，我们需要仔细思考短期结果和长期结果之间的关系，并且更加注重长期结果。例如，我们曾帮助科技公司开发工具，以了解短期用户指标（特别是网站点击量）和长期用户行为变化（比如某餐馆在 Yelp 上的点击量和该餐馆的最终收入）之间的关系。值得称赞的是，StubHub 针对那些看到隐藏费用的用户，追踪他们一年后得到了结果。这项测试本身并没有持续很长时间，而隐藏费用的方式可能会在经过更长的时间后才对公司声誉造成负面影响，因此这一新政策也就需要更多的时间才能完全发挥市场效应。另外，隐藏费用可能导致的声誉受损，会对测试组和对照组都产生影响，这意味着这种声誉受损在测试中可能会被忽略。坦白说，这是一项由顶尖经济学家组成的团队开展的测试，让人印象深刻，也对公司的管理具有重要意义。尽管如此，当在管理上做出判断时，还是需要权衡任何一项测试、测试的设计以及可用数据的优点和局限性。

测试可以为组织机构在进行商业决策时可能面临的取舍提供前所未有的深刻洞见。与此同时，测试也有可能导致决策者专注于短期效果，而忽略了长期风险，后者往往更加难以衡量。这是企业在进行测试时面临的一个重大挑战。一般来说，你能够衡量的各种结果会限制一项测试产生的价值。好在有些方法可以减少限制，而事实上，这正是研究人员在追踪长期结果时应考虑的问题。StubHub 可以收集数据，衡量不同条件下公司在用户心目中的声誉。该公司可以追踪其收到的用户投诉数量及投诉内容、新闻报道及其对公司声誉的影响等。这些指标都不完美，但它们可以让公司对现有情况有一个更加全面的了解。

最终，StubHub 决定按照测试结果，改变原来“没有意外费用”的政策。该公司做出了巨大的转变，放弃了曾经对费用透明的大胆承诺，现在只是简单地写明：“StubHub 是全球门票购买者和转售者的首选目的地，平台上的价格可能高于或低于面值。”

从短期来看，StubHub 几乎肯定会选择以增加利润的形式来获得收益。但新政策的长期效果仍然难以预测。如果 StubHub 想要进一步了解这一问题，可以使用第三种条件重新进行测试。在这种条件下，用户将会提前知道附加费用会在最后一步才加收。如果测试结果显示用户因此而失去了购买的兴趣（证据是他们离开平台或不进行购买），则可能表明公司品牌所面临的是一个长期风险。

测试是很有价值的工具，它可以提升公司的业绩水平，从而有助于公司做出更好的决策。如果激励措施符合公司、客户和员工的共同利益，测试就可以为相关各方创造出巨大的价值。但在某些情况下，为客户或员工创造的价值似乎并不太明确，这样公司就更有可能采取以牺牲他人利益为代价来谋取经济利益的行动。在这些情况下，公司应该决定如何在经济利益、企业声誉及客户满意度等各种因素之间进行权衡取舍。

测试指南

THE POWER OF EXPERIMENTS

1. **企业进行实验时所面临的挑战：在追求效率和利润的同时，重要的变量因素可能会被忽视，那就是长期的财务结果以及政策决定可能对外部人员造成的潜在伤害。**
2. **在管理上做出判断时，还是需要权衡任何一项实验、实验的设计以及可用数据的优点和局限性。**
3. **关键行动：在进行实验时，我们需要仔细思考短期结果和长期结果之间的关系，并且更加注重长期结果。**

第 9 章

优化算法，小心溢出效应影响测试的准确性

- 优步的市场测试

品觉导读

平台的成功有赖于不同参与方的积极性，例如，优步不可能仅有乘客而没有司机。乘客当然希望想打车时车子来得越快越好，但司机会希望在同样的付出之下能多赚钱。在繁忙时段，车辆很多时候会供不应求，优步就要有效调动司机的积极性。相反，在大部分的非繁忙时段，司机可能要“守株待兔”。据称，中国的某打车平台每年要花费上亿元资金在司机的补贴上，但问题是如何补贴才能有效解决供求矛盾。测试可以找到答案吗？且看本章节给出的灵感

优步的难题

互联网时代给人们的生活带来了新的信息、新的决策方式和通信方式，甚至是全新的市场，比如爱彼迎和优步所在的市场。优步这款应用程序把乘客与司机匹配起来，创造出了一个新的市场。从零开始设计一个市场是非常复杂的，一是在这种体量下很难实现人员匹配；二是市场设计师需要做出各种权衡和取舍。拼车乘客希望出行变得更加快捷、便宜、方便；拼车司机则希望更快地获得更多的高素质乘客和更高的收入。

因此，优步面临一个难题：如何将乘客和司机匹配起来，并且同时满足两者的不同目标。就公车化服务（Uber Express Pool，优步推出的汽车合用服务）而言，如何实现司机与多位乘客的最佳匹配方式。要解决这一问题并非易事。司机有不同的行程和目的。不同的城市中，人们也有不同的出行期望。乘客有不同的价格、目的地和时间要求，而且在多位乘客拼车时，他们通常是在不同地点上车的。

就像我们在前几章讨论过的很多科技公司一样，优步每年都会进行数千次测试，以便弄清楚这些问题。优步拥有一支由经济学博士和数据科学家组成的强大团队，他们致力于分析从数字化交互中获取的大量数据，以便设计出一个运转良好的市场。从初始设计、发布到评估和改进，优步试图在产品开发的各个方面系统性地开展测试。在本章中，我们将探讨该公司为了决定是否推出新产品公车化服务而进行的一项测试。

优步是如何用测试改进产品的

打开你的优步或者其他拼车应用程序看看。你可以使用标准的出租车式服务，但车辆是普通的私家车，如优步的标准服务（UberX）。你还有其他选择。如果你和亲朋好友一起旅行，可以使用优步大空间车型服务（UberXL）。如果你更喜欢乘坐高档汽车，可以使用优步精选（UberSelect）。如果你不介意司机沿途接送其他乘客，可以使用多人拼车服务（UberPool）。

2018 年，优步开始考虑是否要推出一款名为公车化服务的新产品。在使用公车化服务时，乘客需要等待更长一点的时间，步行更远一点的距离，才能到达目的地。在他们等待的过程中，算法将一群乘客匹配起来，要求在指定的"快速"乘车点上车。这便是汽车合用服务，虽然它耗时更久，但能为乘客省钱，有时还能省不少钱，因为出行费用由多名乘客分摊，而且乘客是自己步行到乘车点的。对司机来说，使用这款新产品，行程也变得更加简单明了。

然而，担任优步乘客定价及市场测试数据科学团队经理的经济学博士邓肯·吉尔克里斯特（Duncan Gilchrist）告诉我们，衡量和厘清公车化服务的影响是一件非常复杂的事情。其中最突出的问题在于，在市场上开展的测试难以克服溢出效应。就该产品而言，如果只有市场上的一部分乘客或司机可以使用它，那么整个市场将受到影响，最终使测试的结果出现偏差。因此，优步的数据科学团队不能简单地通过改变市场内乘客或司机所处的条件来进行测试。在优步乘客的市场上，如果一部分乘客被施加了某个测试因素（采取新的定价模式或者新的拼车方式），可能也会影响对照组的乘客（采取之前的某种定价模式或者其他的拼车方式），因为这两部分的乘客处在同一个市场中，由同一组司机提供服务。

为了进一步了解溢出效应的问题，不妨来看看优步对其匹配算法频繁进行的测试吧。假设优步对波士顿一半的乘客采用一种新算法，该算法可以提高乘客成功拼车的概率，而另一半乘客作为对照组，他们的体验也会受到测试组的影响——其体验可能会变差，因为所有车辆都更愿意为测试组的乘客服务。在这种情况下，新算法虽然为测试组带来了些许好处，却使对照组的乘客蒙受巨大损失，因此这种算法表面上看起来是成功的，但如果真正实行的话，总体上来说不是个好主意。

另一个问题在于，新产品的推出可能会对优步的所有产品造成影响。因此，优步不仅需要研究公车化服务的表现，还要分析它将如何影响优步标准服务、优步大空间车型服务和多人拼车服务。假设有一种新算法可以改善优步标准服务的表现，如果这种算法没有导致人们对优步其他产品的需求减少，那么该算法还算是成功的。如果表现更好的优步标准服务抢走了优步豪华拼车服务（UberBlack）的客源，那么这种新算法也许仍然值得一试，但不会像最初看起来那么有利可图。出于这些原因，科技公司必须将全部产品纳入考量。

除了优步以外，还有很多其他例子。

- Yelp 在加强配送能力时，不仅着眼于配送服务的表现，还分析了用户通过该平台下的订单在数量上有何变化，以便知道改善服务后是否会使其他产品受影响。

- 爱彼迎在调整其商务旅行产品时，不仅着眼于该产品的使用情况发生了什么变化，还分析了该产品将如何影响爱彼迎的标准房源产品。
- 亚马逊在对其在线购物体验进行测试时，用户购物行为的显著变化会改变用户与平台的互动方式，因此亚马逊还要考虑测试是否会改变其流媒体电影服务的用户数量。
- 这个问题远远超出了科技行业的范畴。我们在第 4 章中讨论了金宝汤公司在 20 世纪 70 年代进行的测试。在那些测试中，该公司分析了其半浓缩汤新品会不会影响公司旗下其他汤品的销售。

优步通过测试来厘清核心问题，比如推出什么产品，在哪个市场推出，以及如何设计这些产品。为了避免溢出效应，并了解新产品对公司整个产品组合的影响，优步往往会对其做出的一些重大变动进行市场级测试，即随机选出一些市场，对市场上的所有用户发布产品。例如，一款产品可能在克利夫兰推出，但不会在波士顿发布出来，只是将其作为对照组。就公车化服务而言，优步选择了一组规模较大的市场，从中随机选出 6 座城市来发布这款产品。

利用最先进的测试方法，吉尔克里斯特及其团队梳理出了公车化服务影响优步整体产品使用情况的各种途径。其中一种统计方法使优步可以利用其他城市的加权组合形成更合适的“合成”对照组。不出所料，公车化服务创造了新型出行方式。这项实验虽然证明了公车化服务对优步现有产品将会产生一定的不利影响，但也清楚地表明了其具有很高的商业价值。因此，优步满怀信心地在很多重要的市场上发布了这款产品。如果没有这项实验，优步就不可能有这种信心以及激发这种信心的研究发现。

公车化服务的推出对优步来说是一次大胜利。卢卡仍然对优步标准服务情有独钟。但吉尔克里斯特及其团队并没有止步于此。他们继续针对可能改进该产品的诸多因素进行了实验。在产品繁多的复杂环境里，优步对实验方法的开发使用进行了大量的资金投入。吉尔克里斯特说："这是实验真正大放光彩的地方。设想一下，我们在一座城市里开展实验，改变了乘客打车需要等待的时间，比如 2 ～ 4 分钟，然后查证了这样做对整个市场的影响。"有很多数据可供实验人员考量。优步的业务遍及数百座城市，吉尔克里斯特指出："正确的参数集可能因城市不同而有所变化，这为实验的开展带来了更大的挑战。"

所有这些变量和不同环境产生的影响，都令人啧啧称奇。吉尔克里斯特说："正确的权衡取舍在郊区和在城市可能有所不同，在高峰时段和在非高峰时段可能也不尽相同。"有太多方面需要实验和衡量。正因如此，在此类实验中受过训练的经济学家尤其适合优步这样的公司。优步的数据驱动方法胜在阐明了大量的因素，使其能够明确是否应该提供，以及如何提供像公车化服务这样的产品。

最终，吉尔克里斯特的实验证明，公车化服务是对优步产品组合的有益补充。或许更重要的是，公司通过实验，知道了如何在不断变化的复杂市场上，在激烈的竞争环境中（乘客不仅可以在优步的各种产品之间做选择，还可以选择来福车 Lyft、出租车、公交车、火车、汽车、自行车或步行），开发出与公司其他产品相得益彰的新产品。

以上这些实验案例有力地展示了实验融入创新过程的各种方式。

在优步，创新过程通常始于低成本的数据收集工作，包括首先与用户进行交流，接着分析历史数据和当前市场，最后模拟如果做出某项改变可能会产生什么影响。对于想要推出的新产品，优步通常会在一两座城市进行试点，这样做本质上是为了确保产品的功能符合预期，即不会出现严重故障。很早以前，企业就使用这些方式收集数据了。而优步在此基础上，开展了大规模的市场级实验，然后进行旨在改进产品的小规模实验，最后才在必要时迭代整个过程。

随着时间的推移，吉尔克里斯特和他的同事不断完善创新过程，通过实验来改进公司的产品。市场级实验很重要，但开展起来也很复杂，由此就限制了优步的实验总次数。与此同时，市场级实验也让公司最大限度地了解了在产品改动或发布后，市场将如何发展演变，尤其是在实验持续时间足够长的情况下。优步逐渐开始依靠市场级实验来测试公司预备做出的重大改变，这样就帮助它克服了技术实验经常面临的一些问题。

经济学家在科技行业崛起

吉尔克里斯特团队为了上述项目进行的一系列实验，只是优步每年数千次实验中的一小部分。这些实验测试了定价、新产品和评价系统的改动会带来的各种变化。例如，为了研究允许司机收取小费可能造成的影响，优步进行了一系列实验。结果发现，使用小费选项的人寥寥无几，收取小费对司机的行为影响甚微，这与一些经济学家预测的结果截然相反。巴兹尔·霍尔珀林（Basil Halperin）、本杰明·何（Benjamin Ho）、约翰·李斯特和伊恩·缪尔（Ian Muir）进行的一系列实验，则着眼于司机因迟到而做出的道歉问题。他们发现，在司机迟到后，平台给乘客一张小面额的优惠券可以增加用户以后的打车次数，而司机只进行口头道歉就没有类似的效果，有时甚至适得其反。

科技公司很快意识到经济学实验的价值，因此一直在大力招募经济学博士。越来越多的经济学家选择就职于科技行业，哪怕他们本有望跻身于顶尖的经济学学术领域。吉尔克里斯特便是例证。吉尔克里斯特获得了哈佛大学商业经济学博士学位，这是哈佛大学经济系和商学院合作开设的一个项目（卢卡是他的学术指导顾问之一）。吉尔克里斯特在著名学术期刊上发表了其学位论文的部分章节，他的研究范围涵盖从专利和药物创新到观影网络效应的诸多领域。吉尔克里斯特本可以就职于顶尖的商学院。他喜欢学术研究，但他说："我也渴望做更多现实的东西，而不只是写论文。"于是，他选择就职于Wealthfront，一家着重利用行为经济学来改善客户决策的金融科技公司。后来他转投优步，现在管理着一支50多人的团队，他们将数据与技术能力、创造力和管理技巧相结合，开展了多项实验。

长期以来，经济学家一直在政府和商界扮演着核心角色，从帮助总统经济顾问委员会制定经济政策，到为各大航空公司建立定价体系，再到在劳资纠纷等纠纷中提供专家证词。不仅如此，经济学家在科技行业的发展过程中也具有特别的意义。包括亚马逊、eBay、Google、微软、Facebook、爱彼迎和优步在内的大公司都建立了由经济学博士组成的庞大团队，他们致力于探索更好的设计。亚马逊拥有100多位经济学博士，人数超过了规模最大的大学的经济系教师团队。这些经济学家在技术实验中发挥了重要作用，因为科技公司不会被阻碍其他公司进行严格实验的因素所困扰。而经济学家为技术实验的设计和解读提供了理论基础，也为实验开展的方式和时机提供了指导。

测试指南

THE POWER OF EXPERIMENTS

1. 新产品的推出可能会对所有产品造成影响，因此公司进行测试时必须将全部产品纳入考量。
2. 经济学家为技术测试的设计和解读提供了理论基础，也为测试开展的方式和时机提供了指导。
3. 关键行动：创新过程通常始于低成本的数据收集工作，包括首先与用户进行交流，接着分析历史数据和当前市场，最后模拟如果做出某项改变可能会产生什么影响。

The Power of Experiments

第 10 章

提高透明度，没有人希望成为测试的牺牲品

- Facebook 跨越的红线

品觉导读

姑且不论你对卷入“测试”这件事情是不是乐于接受，如果你得知自己在不知情的情况下成了测试对象，是否会震惊和不安呢？实际上，在实验室里，获得参与者的知情同意是基本原则。但在互联网中，在自己没有同意的情况下就被别人进行各种测试，是再平常不过的事。当你在注册使用这些应用软件时，理论上来说你已经同意成为其测试的被试，因为你可能已经同意了那些其实并没有真正看懂的条款。但如果一家公司有责任感，就不应该忽略用户的知情权以及其不愿意成为测试对象的权利

推送背后的逻辑

你是 Facebook 的用户吗？如果是，请登录你的账号。现在看看你的“新闻推送”功能，也就是屏幕中央列出的那些信息。你会看到什么呢？也许是老朋友发的一篇帖子，也许是一篇新闻报道，也许是一则广告。现在，请你想想 Facebook 本来可以在你的“新闻推送”内推送多少信息呢？它本来可以向你呈现你数百个 Facebook 联系人中任何一人发布的任何一个帖子，或是世界上的任何一条新闻报道，或者各式各样的广告。然而，它却选择了向你呈现此时此刻你在屏幕上看到的那些信息。

这些选择并非偶然。Facebook 会借助一种算法，结合它对你的了解，从你亲朋好友的所有消息以及世界各地发生的所有新闻中进行筛选，决定向你呈现哪些帖子，并决定这些帖子应该在你的“新闻推送”里停留多长时间。

Facebook 十分认真地对待这项艰巨的任务。“新闻推送”团队的工程师、数据科学家和经济学家，都在努力思考是否应该向你呈现有关中美贸易谈判最新进展的新闻报道，或者你姑妈制作的山核桃派的照片。言归正传，2016 年美国大选后，“新闻推送”受到了极大的关注，因为人们发现该平台无意中推送了很多对特朗普有利的新闻，但后来它们被证实是假新闻。美国大选期间，在 Facebook 分享的所有内容中，假新闻约占 1%。虽然这些假新闻的影响力可能不大，不会成为选举结果的决定性因素，但这并没有给 Facebook 及其用户带来多少安慰。该公司的声誉已经受损。因此，Facebook 对“新闻推送”功能做出了一系列改动，例如，对文章进行审查，删除那些被判定为造假的文章，屏蔽虚假内容的提供者等。

处理虚假信息只是 Facebook“新闻推送”团队每天面临的众多挑战中的一个，除此之外还有很多别的问题需要考虑。例如，应该优先推送新闻还是图片？是《纽约时报》上刊载的文章还是博客内容？是用户至亲好友的动态还是其泛泛之交的近况（后者的最新情况对你来说可能不是那么重要，但更有“新闻价值”，因为你可能从未听说过有关他们的事）？以及应该推送多少广告才合适？

对于这些问题，每个人都有各自的看法，而 Facebook 更倾向于尽量以事实为依据，来分析“新闻推送”对公司利润产生的影响。和优步一样，Facebook 多年来不断完善其创新过程。Facebook 的经济学家亚历克斯·佩萨克维奇（Alex Peysakhovich）和前 Google 员工赛思·斯蒂芬斯－达维多维茨（Seth Stephens-Davidowitz）说：“这一过程包括了一个老办法：问人。每天都有数百人加载‘新闻推送’，那就让他们对于看到的帖子回答相关问题。大数据（赞，点击，评论）辅以小数据（向用户提问‘你是否希望在“新闻推送”中看到这篇帖子’），并且进行情境化（问用户‘为什么’）。”

此外，Facebook 每年还会进行数千次的测试。如果你经常使用 Facebook，很有可能你已经参与了不少测试。有些测试会调整你的“新闻推送”内容，看看这会如何影响你在该平台上的参与度。另一些测试旨在了解你会点击哪些广告。还有些测试致力于弄清楚公司网站的最佳整体布局是怎样的，例如，字体大小应如何调整。而有一项测试着眼于令人开心的帖子和令人悲伤的帖子对用户情绪的影响，其测试结果出乎 Facebook 的预料。

黛比·唐纳效应，情绪测试引发强烈抗议

Facebook 的数据科学家亚当·克雷默（Adam Kramer）想知道令人开心的和令人悲伤的帖子是否会影响用户的情绪。于是，该公司决定通过测试来揭晓答案。克雷默与康奈尔大学研究人员杰米·吉约里（Jamie Guillory）和杰弗里·汉考克（Jeffrey Hancock）合作，调整了 60 多万名用户的“新闻推送”内容。从我们的采访内容来看，这项测试主要是出于一种好奇心，因为 Facebook 并没有根据测试结果去立即修改“新闻推送”功能的打算。测试人员从所有用户中随机挑选出一部分，向他们更多地呈现其 Facebook 好友发布的开心帖子，而帖子令人开心与否是通过内容中使用的字词和短语来判断的。例如：“我度过了一个愉快的假期”，或者“很棒的山核桃派——兴奋！”另一组随机挑选的用户则没有那么幸运。他们看到的是好友发布的忧郁哀伤的消极帖子，例如“这种鸟食不行，刚发现我的金丝雀对它过敏☹”。

然后，研究人员会追踪研究对象的发帖情况，观察他们在分别看到好友的积极帖子或消极帖子后，更有可能写下积极的还是消极的内容。

这项测试让我们想起了 2004 年《周六夜现场》（*Saturday Night Live*）中的经典人物黛比·唐纳（Debbie Downer）。这个人物由瑞

秋·德拉奇（Rachel Dratch）扮演。关于这个角色有一个故事。唐纳在前往迪士尼乐园的旅途中，别人给了她牛排和鸡蛋，当时她回答："美国发现了疯牛病，我可不想冒任何风险。疯牛病会在你的身体里潜伏好几年，等你发病后就会破坏你的脑子。"她说这句话时四周回荡着沉闷的小号声，黛比的朋友们感到十分扫兴。Facebook 的情绪测试本质上就是测试 Facebook 上是否存在这种黛比·唐纳效应。

测试结果是什么呢？Facebook 上的"黛比·唐纳"们确实会导致我们心情压抑，但程度很轻微，至少从论文中描述的测试结果来看是如此。如果一位用户处于被消极帖子围绕的环境中，那么在她随后写下的每 1 万个单词中，消极词语会增加 4 个；如果一位用户处于被积极帖子围绕的环境中，那么在她随后写下的每 1 万个单词中，消极词语会减少 7 个。作为对比，《纽约时报》一篇专栏文章通常少于 1 000 个单词。所以，相对于看到积极帖子的人，看到消极帖子的人会在相当于一篇专栏文章的篇幅的内容中多写 1 个消极词语。

在公布研究结果时，研究人员有了另一个发现。当人们听说 Facebook 以实验的名义操纵情绪性内容时，会感到震惊和不安。高德纳咨询公司（Gartner）的一名分析师在接受《纽约时报》采访时表示："Facebook 并没有善待用户。"媒体报道中充满了批评声，例如，经常有以下这些标题：

- Facebook 公布了控制用户情绪的"新闻推送"实验。——《卫报》
- 揭秘 Facebook 对用户情绪的秘密操纵。——《大西洋月刊》
- Facebook 对用户的情绪状况进行了秘密的心理学实验。——《每日电讯报》

有些人坚决认为，这种心理操纵在任何情况下都是不道德的。另一些人则表示，研究人员应该事先征求被试的同意。这些担忧有的是合理的，有的则是受到了误导。

以第一种批评意见为例。这种意见认为影响用户情绪在任何情况下都是不道德的。实际上，广告商和其他机构为了达到自己的目的，一直都在操纵消费者的情绪。如果你见过贺曼（Hallmark）贺卡、参加过足球比赛或者看过美国防止虐待动物协会（ASPCA）的广告，那么你其实已经接触过利用产品和服务影响消费者情绪的无数种方式了。也许我们在情感上是脆弱的，就算是网络上流行的表情符号，比如一只表情滑稽的柴犬用蹩脚的英语说着心里话的图片，也能拨动我们的心弦。我们看到的内容当然会影响我们的情绪，“新闻推送”也不例外。Facebook 上的帖子不可避免地会影响用户的情绪，也正是其中蕴含的这些情感，才使帖子内容变得有趣又吸引人。也许有的用户不喜欢会让他们感到悲伤的帖子，但是你能看到的悲伤帖子的数量会受到 Facebook 做出的每一个设计的影响。很难想象人们会希望 Facebook 完全禁止发布悲伤的帖子。

所以，Facebook 有两个选择。就像第 1 章中开展测试之前的英国皇家税务与海关总署一样，Facebook 可以继续披着无知的面纱，不做努力了解公司决策对用户情绪的影响。或者还有另一条路，可以尝试评估其决策的影响，以期未来某一天能利用这些信息做出更好的设计选择。Facebook 最终选择了后者。

但是被试的知情同意问题怎么办呢？ Facebook 难道不应该通过电子邮件，或者通过“戳一下”（Poke）功能告知用户，让他们能够自己决定是否参加实验，而不是直接假定每个人都会接受吗？不管怎么说，社会科学研究人员要进行实验都必须征得被试的同意。

实际上，在实验室里，获得被试的知情同意是标准原则。但在职场和街头等现实环境中，社会科学家经常在没有征得人们同意的情况下就进行某些类型的实验。如果一项实地进行的实验基本上是无害的，那么机构伦理审查委员会可以明确豁免实验方本应采取的知情同意义务。这一机构专门负责监督大学里进行的人类实验。豁免的理由则很充分：如果被试知道自己是在参加实验，可能会扭曲实验结果。例如，在一项实验中，卢卡和同事雇用了几百人在网络兼职平台 oDesk 上工作，以评估员工在不同薪酬下的努力程度。分配给那些人的工作是真实的，而且该实验的风险极小。在这种情况下，机构伦理审查委员会就没有要求研究团队告知被试他们正在参加一项实验。

就 Facebook 这一案例而言，情况会更加复杂一点。当时，机构伦理审查委员会还没有成立，没人要求 Facebook 的研究人员一定要征得被试的同意。所以，在决定是否需要征求被试同意时，Facebook 一方拥有不征求相关人员同意的正当理由。如果你使用 Facebook，那么从理论上来说，你已经同意成为其实验的被试。还记得你在 Facebook 上注册时，确认过自己已经读过那些排版精美、长篇累牍的服务条款了吗？没错，你同意的那些条款相当于你默认了参加测试的知情同意权，虽然你并没有真的看过。相关研究显示，如果你每天花 8 个小时浏览服务条款，那么你需要共计 76 天才能看完网站上的所有隐私政策。在那一大堆服务条款的某些段落中，你“承认”Facebook 有权使用你的个人信息进行测试和研究。在情绪测试引发轩然大波之后，Facebook 更新了其服务条款：“我们有时会进行网页内的调查和研究，测试开发中的功能，分析我们拥有的信息，以便评估并改进产品和服务，开发新的产品或功能，或者开展审计和故障排除活动。”这种情况表明，企业需要发布清晰的指导方针，明确规定在什么时候、以何种方式向参加测试的用户告知测试的相关情况。

情绪测试备受抨击，由此产生的最糟糕的结果是对 Facebook 这家公司本身的影响。在这项测试公开之前，Facebook 是当时企业界的一个异类，因为它之前已经公布了一些更有趣的测试。鉴于情绪测试引发的强烈抗议，Facebook 在一段时间内完全停止了对外公布实验结果，但它并没有停止测试。其他公司可能也从中得到了同样的教训：将信息公开透明很危险，测试最好秘而不宣。如今，Facebook 又开始公布一些测试的结果了，但审查过程变得更加严格。

Facebook 跨过了哪条红线

Facebook 的测试究竟为什么会激怒人们？ Facebook 跨过了哪条红线？

问题在于，对很多人来说，媒体的相关报道使情绪测试听起来就像是电视剧《黑色孤儿》（*Orphan Black*）里那位疯狂科学家的所作所为。Facebook，就像是一个值得信赖的朋友，但它为了一项测试玩弄了用户的感情。这感觉简直糟透了。但是假设 Facebook 以更加透明的态度，把研究“新闻推送”如何影响人们情绪的测试向用户和盘托出，比如该公司宣布：“就像我们每年所做的那样，去年我们进行了大约 500 次测试，目的是更好地了解用户的偏好，改进‘新闻推送’中显示的内容。我们在许多维度上开展了测试，例如，研究是优先呈现本地好友的帖子还是异地好友的帖子，帖子是长时间保留还是短暂停留（短暂停留可以增加向用户呈现的帖子总数），是优先呈现积极的帖子还是消极的帖子。通过这一过程，我们学到了很多，例如，如果优先呈现积极的帖子，那么这些帖子的读者也会有比较愉快的心情。在我们发布测试结果的博客上，大家可以看到其他测试的结果。如果您有改善'新闻推送'或者我公司测试的其他建议，请通过电子邮件联系我们，以便我们将这些建议纳入对'新闻推送'未来的研究和改进中。"

依靠这种更大的透明度，同时使用更通俗的语言来描述情绪传染测试的研究发现，使其变得浅显易懂，可以帮助人们接受相关的测试。如果 Facebook 当初选择以这样的方式公布自己的研究结果，可能也不会遭到如此猛烈的批评。我们从这个故事中得到的启示，不是说企业不应该公布测试结果，而是应该在学术期刊或者博客文章中公布更多的研究发现，对用户坦诚相待。

秘而不宣比公开透明更加危险。还记得第 5 章中的爱彼迎测试吗？卢卡的那项测试揭露了爱彼迎平台上的偏见问题。该公司最初的反应是对这个话题避而不谈。后来，它因为矢口否认偏见问题和不作为而受到批评。如果爱彼迎一开始就通过提高信息透明度和改变设计来解决这个问题，它的处境可能会好很多。

一般来说，企业不应该隐藏自己进行的测试，或者说不应该将解释性条款埋没在没人阅读的用户协议中，而应该采用测试方法，建立公开透明的流程，对自身进行测试一事直言不讳。为此，企业方需要付出的努力可能包括以下目标：

- 从广义上承认公司经常进行测试的事实，以此评估人们的反应，并把相关数据提供给银行。

- 解释公司所做的测试对自身和公众的价值。
- 尽可能鼓励人们讨论公司的测试目标和方法，这在某些情况下可能很难做到，因为一些公司把自己的测试依据视为一种需要向竞争对手隐瞒的优势。
- 在适当的时候公布测试结果。我们将在下文中谈到，对于企业所做测试的全部内容，很可能企业自己也无法详细描述出来，所以必须有选择地公布测试。而且，正如上面所说的，测试结果可能是公司想要向竞争对手隐瞒的一种优势，这也使测试结果的公开变得更加困难。

公司也可以考虑发布或者至少持续追踪其测试的有关信息。例如，Facebook 现在已公布了其测试的一部分研究。根据经验，公司应该聚焦于提升一些特定实验的透明度，而特定测试是指那些可能导致公司政策或者产品发生重大的或有争议性变化的测试，或者是可能对某些用户造成实质性伤害的测试。像 Facebook 这样的公司，甚至可以培养个人用户参与测试的积极性，比如可以采取年度通知的形式，发一条信息：“去年，您参与了我们的 17 项测试。其中 3 项测试涉及您的‘新闻推送’。”

如今，几乎所有的科技公司都在开展测试，并且这样的情况将持续下去。它们不得不这样做，因为测试是它们的命脉。公司需要不断对功能、产品、设计、通信、包装和界面进行测试，看看哪些有用，哪些没有用。这些测试不仅对企业很有价值，对用户也很有价值，因为企业凭直觉行事可能导致服务质量低下，而用户是不愿意接受低质量服务的。凭直觉做出的决策很容易通过利用数据的方式得以改善。

这意味着用户应该对测试持开放态度，企业也应该停止对测试过程遮遮掩掩、讳莫如深的态度。消费者并不愚蠢，他们知道企业会对产品和服务做出调整，并评估他们的反应。除此之外，企业在测试中也应该坚守高标准的透明度和道德水平。如果企业对自己的研究开诚布公，就能消除外界的疑虑，赢得支持，甚至可以提高用户参与度。

六大测试启示

互联网时代在很多方面都使生活变得更加美好。如今，我们可以坐在沙发上，一边吃着通过 Yelp 订购的比萨，一边在奈飞上一口气看完电视剧《卢克·凯奇》（*Luke Cage*）最后一季，同时在亚马逊上选购一副次日送达的降噪耳机，以便在第二天晚上的长途飞行中使用。

不过，虽然这些平台为我们的生活带来了极大的便利，但要想以最好的方式利用它们提供的产品，却并不容易。没人比那些公司更希望解决这一挑战。其中的许多公司管理着网络世界的复杂互动关系。通常来说，企业的目标是使线下生活变得更加美好，但企业有时做出的选择反而会使生活变得更糟。在所有这些情况下，测试都有助于为公司的决策以及它们影响现实生活的方式提供指引。

从本书第二部分讨论的测试中，我们可以得到适用于科技行业和其他领域的许多启示。以下列出了 6 个启示。

- 启示 1：测试可以用数据弥补直觉的不足，带来巨大的效益，正如 eBay 广告的案例所示。

- 启示 2：测试通常服务于以下 4 个主要目的中的至少 1 个：
  - 验证理论和机制；
  - 了解影响程度和权衡取舍；
  - 评估具体的政策或产品；
  - 在你没有任何理论支持的情况下，探索事实真相。
- 启示 3：不妨将一系列测试视为一种框架开发方法，而不是通过单一的测试来提出和回答重要的商业问题。
- 启示 4：测试有时会导致企业囿于狭隘或短期的结果，即最容易想到且易于衡量的结果。企业应该明确界定它们所关心的更广泛的影响，思考它们得出的结果和最关心的结果之间的映射关系。
- 启示 5：技术挑战，如溢出效应，会严重影响测试结果的解读和测试的准确性。对此，测试人员通常都会有很好的技术解决方案，但这需要仔细考虑测试的实施细节。
- 启示 6：测试常常不为公众所知。提高透明度有助于企业和客户就企业做出的决定更好地进行沟通。

在本书的第三部分，我们将从科技行业回到行为测试，如第一部分中的那些测试。我们将聚焦于行为测试的广泛传播，思考不同的机构和行业是如何培养测试文化的。我们将介绍发生在卫生、教育和财务决策领域的行为测试，同时探讨测试在这些领域里产生巨大影响的原因以及测试所发挥的作用。

测试指南

THE POWER OF EXPERIMENTS

1. 秘而不宣比公开透明更加危险。用户应该对测试持开放态度，企业也应该改变对测试过程遮遮掩掩、讳莫如深的态度。
2. 适用于各领域的六大测试启示：
   （1）测试可以用数据弥补直觉的不足，带来巨大的效益。
   （2）测试通常服务于 4 个主要目的：验证理论和机制；了解影响程度和权衡取舍；评估具体的政策或产品；探索事实真相。
   （3）将一系列测试视为一种框架开发方法，而不是通过单一的测试来提出和回答重要的商业问题。
   （4）测试有时会导致企业囿于狭隘或短期的结果，即最容易想到且易于衡量的结果。
   （5）技术挑战，如溢出效应，会严重影响测试结果的解读和测试的准确性。
   （6）提高透明度有助于企业和客户就企业做出的决定更好地进行沟通。
3. 关键行动：企业需要发布清晰的指导方针，明确规定在什么时候、以何种方式向参加测试的用户告知测试的相关情况。

THE POWER OF EXPERIMENTS

用测试开启更好的未来

The Power of Experiments

第 11 章

创建测试文化

品觉导读

数据分析的历史走过这么多年，数据在智能城市中已经成为利民、优政及促进产业发展的要素。很多人说，数据反映的情况仅能让人认识过去，却不能让人预测未来。然而在数字时代，数据收集到的可以是正常的自然活动，也可以是主动接受干预的结果，还夹杂着无数的意外。大家不妨想象一下，每天各种“大城小事”如果经过刻意的行为洞察，其实都可以被视为测试。记得有一次中国的黄金周假期导致公路大塞车，当时我就利用这样的“随机”测试去分析了在这种情况下人们的购物行为规律。

行为洞察小组与试点项目

我们注意到，科技行业是测试文化的先行者。但正如第 2 章所说，早在科技行业迎来测试革命之前，政府组织就萌生了对社会项目进行组织性测试的想法，从“谁能得到保险”到“人们住在哪里”，对各个方面开展测试。最近，我们发现测试开始在越来越多的行业里渗透和扩展。为了解组织是如何考虑扩展测试方法和创建测试文化的，我们将回到行为洞察小组兴起之时，探讨他们创建测试文化的方法。然后，我们将介绍“投票动员”活动的转变：活动主导者从名气很大但数据很少的顶尖操盘手，逐渐变为由测试者组成的团队，而该团队致力于测试向客户推销的方法。

行为洞察小组的兴起

英国行为洞察团队的设立目标是提高政府效率。行为洞察团队工具包的核心思想来源于分析社会影响的行为经济学和心理学实验室实验，借鉴了西奥迪尼、卡尼曼、特沃斯基、塞勒等人的思想。但实验性测试也迅速成为行为洞察运动的核心组成部分，组织机构逐渐意识到三个方面的问题：第一，它们需要向持怀疑态度的利益相关者证明自己的价值；第二，它们不知道哪些洞见可以推广到它们感兴趣的环境中；第三，学术文献无法给予它们最关心的问题以充分的指导。当然，这些也都是在行为洞察之外的诸多领域开展测试的好理由。

行为洞察小组纷纷涌现，它们通常是从一个试点项目开始做起的。那些试点项目旨在展示行为洞察小组可以提供的回报，有时会让它们专注于测试那些它们声称确定会奏效的干预措施。例如，第 1 章中提到的欠税提醒函。英国行为洞察团队在测试这封提醒函的时候，并不知道提醒函的各种版本会有多大效果，也不清楚它们是否能对税款补缴率产生实质性影响。结果证明，新版提醒函卓有成效，这为行为洞察团队带来了一场重要的胜利。多年来，其他政府的行为洞察小组（独立于行为洞察团队运作）通常会测试它们自己版本的欠税提醒函。从起初非常不确定欠税提醒函能否改变人们的行为到相当肯定它会有所作为，即使并不清楚确切的影响程度，这些行为洞察小组还是有所收获的。然而，很多行为洞察小组继续重复最初的欠税提醒函实验，得出了一致的定性结果。它们后来并没有继续进行这项实验来弄清楚效果提升究竟是 1% 还是 2%。它们只是想要提出一个概念，来证明它们可以将行为洞察应用于利益相关者所处的环境中，帮助改善绩效。

行为洞察团队也帮助建立了其他行为洞察小组，并为它们提供服务，包括帮它们开展第一次实验。到 2017 年为止，世界各地的地方和中央政府组建了数十支行为洞察小组。

各国不断建立助推小组，非营利组织和咨询公司也参与其中。这些助推小组旨在持续改善政府工作。它们通常效仿英国行为洞察团队的做法，把现场实验作为证据的“黄金标准”。

2014 年，英国行为洞察团队与澳大利亚新南威尔士州政府、新加坡助推小组和哈佛大学行为洞察小组一道组织了一次年度会议。那次会议吸引了800余名参会者，聚焦该领域的最新进展。另一个将行为洞察积极引入该领域的组织是Ideas42。作为一个社会科学研究与发展实验室，Ideas42由跨校学者团体和国际金融公司（International Finance Corporation，隶属于世界银行的国际发展机构）于2008年6月在哈佛大学成立，其目标是“利用科学的洞见，在国内外设计创新型政策和产品”。不久后，Ideas42被拆分为一个非营利组织，目标变成了为几个领域提供新的解决方案，比如帮助穷人获取资金，在发展中国家推广更高效的粮食收割技术，改善美国的医疗保险状况，为低收入社区人群提供教育机会等。这些工作通常都包括测试。尽管仍是非营利组织，但Ideas42已然成为类似于英国行为洞察团队那样的行为经济咨询公司，而实际上，这两者常常被视为竞争对手。各大营利性咨询公司经常参加向公众开放的大型会议，密切关注这个新的咨询领域。

随着此类组织大量涌现，测试的多重目标变得清晰明确。测试可以帮助组织机构弄清楚哪些方案是有效的，并向利益相关者展示它们的价值。此外，在这些组织中，测试已经被用来实现政策目标了。

测试，赢得选举的秘密

虽然行为洞察团队和Ideas42等机构与政策制定者合作开展社会公益测试，但在很早之前，测试就已经开始在政治进程中发挥作用了，比如号召美国选民投票。要想知道“投票动员”活动为什么会“迷上”测试，需要对选民行为和投票率有更全面的了解。人们通常认为投票是一种积极自主的行为。但实际上，截至2004年，包括澳大利亚、巴西和阿根廷在内的一些国家甚至会要求公民必须参与投票，而美国最近几次总统选举的投票参与率则为 54% ～ 58%。很多“专家”曾就如何提高投票率的问题，为竞选团队提供过有偿建议，但除了他们的专家判断（通常是错的）以外，通常并没有多少证据证明他们提供的建议是有效的。

为了弄清楚人们会主动投票的原因，研究人员开展了许多测试。早在 1927 年，芝加哥大学政治学家哈罗德·戈斯内尔（Harold Gosnell）就进行了一项测试，这是最早的实地测试记录之一。在这项测试中，芝加哥人随机收到了几幅漫画，漫画将不投票的人描绘成不爱国的懒鬼。在长达几十年的时间里，这一话题在很大程度上始终只是一个学术话题，民调专家和政治学家之间的联系也非常有限。

这种情况在 20 世纪 90 年代开始有所改变，当时耶鲁大学的政治学家艾伦·格伯（Alan Gerber）和唐纳德·格林（Donald Green）开始研究人们投票的动机。1998 年，随着美国 11 月中期选举日益临近，格伯和格林与女性选民联盟（League of Women Voters）合作，将纽黑文的 3 万名市民分为 4 组。第 1 组收到了鼓励她们投票的明信片，第 2 组通过电话收到了同样的信息，第 3 组在家门口遇到了上门拉票的人，而作为对照组的第 4 组则无人理会。1998 年 11 月的投票日结束后，格伯和格林检查了康涅狄格州的投票记录，看看真的投了票的人都属于哪个组。与无人理会的小组相比，有人上门拉票的第 3 组的投票率提高了 9.8%。与对照组相比，收到明信片的第 1 组的投票率只提高了 0.6%，而被人电话拉票的第 2 组根本没有产生效果。当格伯和格林在 2010 年发表他们的研究成果时，一些操盘手认为这些学者是在抨击他们的工作，而直邮供应商则有选择地引用了这项研究的结果，宣称候选人通过电话拉票是在浪费钱。

2003 年，刚从威廉姆斯学院（Williams College）毕业不久的民调人员托德·罗杰斯（Todd Rogers），对于行为科学能够提供对政务和民调行业的深刻洞见感到十分兴奋。于是，他进入哈佛大学，学习社会心理学博士课程。但他很快发现，心理学课程限制太多，所以，他在哈佛大学里改修了组织行为学课程，这是哈佛商学院和艺术与科学学院的心理学和社会学系共同开设的联合课程。换了专业后，巴泽曼成了罗杰斯的首席导师。罗杰斯在巴泽曼的带领下学习如何号召人们投票，同时将其视为自己的主要成就之一。

在新课程中，罗杰斯与沃顿商学院教授凯蒂·米尔克曼（Katy Milkman，她当时也是巴泽曼的学生。）、巴泽曼一起，撰写了多篇论文，探讨如何让人们去做自己认为“应该”做的事，而不是去做只是一时“想”做的事。与此同时，罗杰斯仍然继续研究如何让更多的人投票。

2006 年，克雷格·福克斯（Craig Fox）邀请巴泽曼到纽约参加一场会议。与会者都是社会心理学家和行为经济学家。该团体被称为行为科学家联合会（Consortium of Behavioral Scientists），他们帮助候选人运用学术研究成果来赢得崇选和更多的支持。巴泽曼问福克斯，可不可以带一个聪明的哈佛研究生一起来参会，此人对这次会议的主题也非常感兴趣，这个人就是罗杰斯，福克斯同意了。

与会者很快就遇到了一个问题：他们对选举过程知之甚少。在当天早些时候见过罗杰斯的一位著名社会心理学家建议大家停止自以为是的高谈阔论，而是听听罗杰斯的意见，因为罗杰斯干过这方面的工作，拥有实践经验。作为一名三年级的研究生，罗杰斯那些务实的兴趣爱好为行为科学家联合会做出了重要贡献。后来，在 2008 年美国总统选举中，该联合会还成为奥巴马胜选的一大助力。萨莎·伊森伯格（Sasha Issenberg）在其著作《胜利实验室：赢得选举的秘密》（*The Victory Lab: The Secret Science of Winning Campaigns*）中记载了此事。

随着罗杰斯继续进行其毕业论文的相关研究，他将耶鲁大学格伯教授请进了他的毕业论文委员会，因为格伯在投票研究方面拥有丰富的经验。2007 年年底，也就是罗杰斯在研究院的最后一年，他收到了哈佛大学肯尼迪政府学院终身教职的面试邀请，但他放弃了这次机会，转而接受了格伯推荐的华盛顿特区的一个职位——分析师研究所的创始执行董事。该研究所是当年早些时候由美国劳工联合会—产业工会联合会（AFL-CIO）部分成员成立的一个激进组织。几位创始人在格林、格伯等人所做研究的启发下，希望创建一个组织，专注于利用田野调查，在与选民互动方面建立一套经过实证检验的最佳方法。罗杰斯可以利用分析师研究所雄厚的资金，迅速开展有关投票的田野实验。这样的推进速度是学术界无法提供的，许多人都在等待他的实验结果。

罗杰斯接受了那个职位，并很快在政界和那些相信社会科学有助于提升投票率的人当中声名鹊起。随后几年，罗杰斯进行了 300 多次田野实验，主要专注于研究如何让人们投票，以及如何提升候选人的支持率。其中大多数实验都是专有实验，只有与分析师研究所有关的激进团体才能获得实验结果。伊森伯格在《胜利实验室》一书中写道："华盛顿似乎有两种类型的选举操盘手。一种人认为罗杰斯是可以改变他们所处领域的天才，另一种人则从未听说过他。"

作为一名拥有敏锐直觉的精明的操盘手，罗杰斯能够有策略地利用测试为其研究工作赢得关注。有时，他还通过测试来证明他的竞争对手的直觉有误。许多倾向于相信自己直觉的操盘手觉得没必要参考社会科学研究，而罗杰斯则尽量不给他们留太多余地。有时，他会让利益相关者预测哪种投票动员的方式或者说服选民的方法更好，然后用测试结果向他们证明他们绝大多数情况下都是错的。

和其他测试工作者一样，罗杰斯开展测试的目的是为了证明其组织提出的建议具有价值。例如，2007 年 4 月宾夕法尼亚州举行的美国总统初选前夕，他编写了一份电话脚本，打给该州 19 411 户选民家庭。在其中一个测试里，即执行意向条件下，来电者向登记选民提出 3 个问题："你预计星期二当天大概什么时候会去投票站？星期二去投票站的时候，你预计从哪里出发？在去投票站之前，你觉得自己会做什么？"罗杰斯的目的不是找到这些问题的答案，而是在测试如果选民仔细思考了这些问题并做好了计划，他们会不会更有可能去投票。结果是肯定的。这一想法从心理学角度而言并不新鲜，它基于纽约大学心理学家彼得·戈尔维策（Peter Gollwitzer）提出的"执行意图"理论。该理论认为，促使人们制订具体计划有助于提高人们完成某个目标的可能性。而罗杰斯的测试对这个想法进行了微调，使之可以用于提高投票率。

最终，罗杰斯的测试使一些凭直觉行事的老派顾问被淘汰了，同时也将他获得的洞见应用于他所关心的环境中。他从社会心理学中获得结果，然后将结果转化成提高投票率的工具。在此过程中，他改变了美国竞选活动的运作方式。

2008 年秋，罗杰斯对计划制订策略的应用，以及他带到华盛顿特区的其他洞见，成为许多激进派候选人的必备工具。他还运用了罗伯特·西奥迪尼关于社会规范的研究。这一研究表明人们会效仿其他人的行事方式来编写电话脚本，包括“今天的投票率会很高”这样的话术。这些策略与约翰·克里（John Kerry）在 2004 年美国总统大选期间采取的竞选策略形成鲜明对比，当时克里的策略多是以许多美国人不会投票这一点为前提的。罗杰斯的测试证明，把更有可能去投票的选民作为主要的争取对象，比专注于拉拢不会投票的选民更有效果。

分析师研究所的前同事如今效力于不同的组织，而罗杰斯和同事创造的许多工具和脚本现在已经跨越分歧，被各个组织采用，成为有效竞选策略中一个规模很小但备受认可的组成部分。

这种通过行为实验来获得选票的做法对社会有好处吗？对于一部分人来说，答案可能是肯定的。因为这种做法凸显了行为实验之间的细微差异，即便是旨在提高社会公益的实验也不例外。这种做法有一个社会目标，那就是确保所有人都发出自己的声音。

测试指南

1. **测试可以帮助组织机构弄清楚哪些方案是有效的，并向利益相关者展示它们的价值。**
2. **关键行动：把更有可能去投票的选民作为主要的争取对象，比专注于拉拢不会投票的选民更有效果。**

The Power of Experiments

第 12 章

用测试干预教育、财务和个人健康

品觉导读

少年时期不珍惜光阴，中年挨更抵夜不懂得珍惜身体，年纪大了才明白健康有多重要。人类总是后知后觉。本章沃顿商学院教授提出的“诱惑捆绑”，指的是当人们只能在健身房里锻炼的时候，才可以听自己喜欢的有声书，这样就促使人们更有可能去健身房锻炼。那么，如果在人生中那些枯燥乏味的环节加入“诱惑捆绑”的措施，那么也许会使学习变得更有趣，工作起来也会更起劲

托德·罗杰斯作为一名选举操盘手的职业生涯是成功的，这在很大程度上是因为他能够从社会心理学中提炼出自己的见解。但是，他没能完成心理历程暗含的各类型行为的研究，也没能完成如何影响那些类型行为的研究。于是，他离开华盛顿特区，回归学术界。幸运的是，他之前感兴趣的那份工作仍然愿意接纳他。2011 年，罗杰斯加入哈佛大学肯尼迪政府学院，在巴泽曼执教的院系担任助理教授。罗杰斯希望将研究重心从投票转向行为科学洞察可能产生巨大影响力的其他领域。

在罗杰斯加入肯尼迪政府学院期间，越来越多的教员对其研究领域产生了同样的兴趣。罗杰斯重复使用了他的“投票动员”方法，决定再次聚焦一个核心话题，但他不确定应该关注环境还是教育。在涉足环境研究领域后，罗杰斯决定把教育作为新的研究方向。因为行为教育研究在不断发展，该领域大名鼎鼎的研究人员，以及能够对实践产生直接影响的潜力，都令他兴奋不已。那时，各大学校纷纷开始进一步研究如何运用行为洞察来提高学生的成绩。

罗杰斯加入了一个发展迅速的学者团队，该团队与一些组织机构合作，了解并做出与教育、健康和财务相关的决策。在本章中，我们将介绍这 3 个领域中正在进行的研究，以及它们给实验工作者带来的经验教训。

用测试助推教育改革

本·卡斯尔曼（Ben Castleman）和琳赛·佩奇（Lindsay Page）在哈佛大学教育研究生院读博士时第一次读了《助推》。两人都从事教育行业。卡斯尔曼是学校行政人员，佩奇是 Abt 咨询公司的教育政策分析师，但她曾是一名教师。他们非常了解美国的教育体系和学生所面临的挑战。值得一提的是，他们对许多本可以上大学却没有上成的高中生产生了兴趣。学生被大学录取，但在开学前的夏天就退学的现象十分普遍，以至于这一现象有了一个专用名称——“夏季融化”。

卡斯尔曼和佩奇并没有被退学现象的庞大规模吓倒，而是用更大的热情去研究如何降低退学率。两人与学校和非营利组织展开了一系列雄心勃勃的合作，利用行为实验来帮助学生继续大学学业，成功毕业并改善他们的就业前景。2011 年夏天，他们与富尔顿县学校（位于佐治亚州）和 uAspire（位于波士顿的一个组织，致力于帮助学生获得所需的学业指导和学费支持）合作，进行了第一项实验。在这项实验中，时间是高中毕业后的夏天，他们随机抽取一部分来自波士顿和富尔顿县的高中生，由高中辅导员或社区学费补助顾问向学生提供大学指导。原则上，所有学生都可以获得辅导员或顾问的指导，但实验组的学生是由辅导员或顾问主动联系的。辅导员可以通过短信、电子邮件、Facebook 私信等方式与学生取得联系。他们会帮助学生审查学费补助申请表的填写情况，提醒学生重要的截止日期，并评估学生是否面临社会或情感方面的障碍而影响入学。辅导员平均在每个学生身上花费了 2 ～ 3 个小时。

实验结果十分显著。上述干预措施使实验组的学生进入大学就读的概率提高了 3%，按照进入大学的学生净人数计算，该项目的成本为每个学生 100 ～ 200 美元。对于低收入家庭的学生来说，这项干预措施使他们上大学的概率提高了 8% ～ 12%。卡斯尔曼和佩奇对学生进行了几个学期的跟踪记录，发现他们留在大学里的概率高于没有接受过积极指导的学生。

在这些实验结果的鼓舞之下，卡斯尔曼和佩奇联系了更多的学校，并思索帮助学生进入大学就读的其他方法。他们设计出干涉程度较低的干预措施，比如短信提醒，并与全美各地的学校展开合作。他们的《夏季融化：支持低收入家庭的学生完成向大学的过渡》（*Summer Melt: Supporting Low-Income Students through the Transition to College*）一书中对此有详细记载。

卡斯尔曼现在是弗吉尼亚大学的老师，佩奇则在匹兹堡大学教书，两人都是教育行为干预这一新兴领域的领军人物。卡斯尔曼在弗吉尼亚大学建立了研究行为经济学的 Nudge4 Solutions 实验室，还为“再高一点儿”（Reach Higher）计划提供了建议。佩奇为相关从业者、学生的家庭成员和统计员等读者群撰写文章。两人的研究工作使美国教育体系变得更加包容和有效。

在哈佛大学肯尼迪政府学院，托德·罗杰斯也开始思考教育行为干预方面的问题。具体来说，他决定调动并赋能学生的社会支持系统，以改善他们的学业表现。他已经在美国和英国各地的 2 000 多所学校实施了干预措施。他在这方面的举措，看起来很像他在“投票动员”上所做的工作，即寻找可扩展的低成本干预措施（如同行为洞察团队不同版本的社会规范提醒函一样，团队成员对欠税提醒函进行了修改，显示已纳税者所占的百分比），与组织机构合作来量化干预措施的效果，然后建立一个机构来扩大这些措施的影响范围。在为自己的研究制定了明确的策略并筹集了大量资金之后，他创办了一家小公司，目标是在学校里实施可提高学生出勤率的干预措施，以及在教育领域里重现他在研究投票行为方面所取得的成就。

罗杰斯关注的是一些学校面临的一个普遍问题：学生缺勤率很高。每年有超过 10% 的美国 K-12 学生长期缺勤（即缺勤 18 天以上），低收入城市地区的比例更高。长期缺勤与较差的学习成绩、较低的毕业率、吸毒、酗酒、犯罪以及学生日后生活中产生的不良后果有关。

罗杰斯致力于提高学生的出勤率。在某项测试中，整个学年，罗杰斯和阿维·费勒（Avi Feller）向 28 080 名出勤率很低的高风险 K-12 学生的家长分别发送了 3 组不同的信息。第 1 组家长除了正常的学校通信，如成绩单、学校通知、家长会以外，没有收到任何额外信息。第 2 组家长在整个学年收到了 5 封邮寄信件，这些信件提醒他们上课出勤的重要性以及家长在学生上课出勤方面所能发挥的作用，此外还有关于其子女当年缺勤总天数的信息。第 3 组家长收到了和第 2 组家长一样的信息，此外还有关于其子女上课缺勤情况与其他学生相比较的信息。

测试结果显示，第 2 组和第 3 组学生的缺勤总天数与对照组相比，降低了大约 6%，长期缺勤现象减少了 10% 以上。值得注意的是，在公共教育长期缺乏资金的情况下，这些改善措施的成本很低。按照增加的出勤天数计算，成本仅为每天 6 美元。相比之下，如果为了提高学生出勤率而聘请专门提高出勤率的社会工作者和导师，那么相关费用则为每学日 121 ～ 500 美元。

有趣的是，与罗杰斯和费勒的预测相反，在第3组家长收到的信件中添加社会比较信息并没有进一步减少学生缺勤现象的占比。对于提倡利用社会比较或社会规范来改善人们行为的人来说，这个结果令他们很失望。而我们认为，这恰恰说明必须在新的领域中继续对实验结果进行测试，而不是简单地假定实验室实验或田野实验得出的结果适用于其他所有领域。有时，我们会有一套理论来解释为什么某些东西在某些领域中会奏效，而在其他领域里却行不通。就本例而言，实验结果甚至让实验人员都感到惊讶，这促使他们做了进一步研究。根据随后进行的研究，罗杰斯和费勒认为，如果学生之间的差距过大，这种比较会令人灰心丧气。例如，可以对家长说："您的孩子已经缺勤20天，其他有的同学只缺勤4天。"而如果学生之间的差距不大，那么这种比较就能催人奋进。例如，可以对家长说："您的孩子缺勤了20天，其他有的同学缺勤了18天。"

从这项实验中还可以吸取另一个教训，那就是企业和政策制定者的创新举措会导致一些意料之外的后果出现。在上述案例中，一些家长对实验人员发来的信件抱怨不已，他们说孩子出勤率低是因为有严重疾病或受了伤（如孩子得了癌症或骨折），而这些信件使他们对孩子的出勤情况感到更难受。这促使罗杰斯等人开发了新的工具，以便更好地发现这些情况特殊的家庭，将他们排除在进行此类干预的范围之外，同时制定更好的流程，以便在家长出现疑虑时帮助他们解决。此类改进措施至关重要，因为他们已经开始在美国各地的学区实行干预措施了。通过实验，可以在扩大干预措施的应用范围之前就发现问题，找出哪些创新是有效的、哪些创新可能适得其反，以及哪些创新会产生意想不到的后果。

在一项相关实验中，罗杰斯与卡莉·鲁滨逊（Carly Robinson）、莫妮卡·李（Monica Lee）和埃里克·迪林（Eric Dearing）合作研究如何提高 K–5 学生的出勤率。他们的研究基于这样一个假设，即一个人年幼时期养成的习惯非常重要。他们在加州的 10 个学区对 10 967 名学生进行了一项随机田野实验，这些学生的出勤率排名都在后 60% 当中。第 1 组家庭除了常见的学校通信以外，没有收到任何额外信息。第 2 组家庭还收到了邮寄信件，这些信件强调了在孩子低年级期间经常出勤上课的重要性，并提供了关于这些家庭的学生缺勤总天数的信息。第 3 组家庭收到了和第 2 组家庭一样的信息，此外还有鼓励家长联系“出勤支持者”的补充插页。出勤支持者包括帮助家长解决出勤问题的亲戚、朋友、社区成员或学校成员。

在强调出勤重要性并提供学生出勤数据这两种条件下，相关学生整个学年的出勤率变高了。与第 1 组的学生相比，第 2 组和第 3 组的学生缺勤天数减少了 0.53 天，降幅为 7.7%，而且长期缺勤现象也减少了 14.9%。按照由此增加的出勤天数计算，这一干预措施的成本为每天 10.69 美元。出乎实验人员意料的是，与第 2 组家庭相比，第 3 组收到出勤支持者信息的家庭，他们的孩子的出勤率并没有提高。这一发现证明，实验可以防止我们跟随自己的错误直觉走上一条错误的道路。

哥伦比亚大学的彼得·伯格曼（Peter Bergman）和埃里克·陈（Eric Chan）采用了类似的实验性通信策略，只是将邮寄形式改为使用更高效的短信。他们发现，在发现学生旷课、没完成作业和成绩下滑的情况时，向父母发送相关信息可以极大地提高学生出勤率。伯格曼和罗杰斯的研究表明，相比于要求学生家长报名参加以“选择加入”机制为基础的计划，将学生家庭自动纳入“选择退出”机制计划的效果要好得多。

总的来说，这项研究凸显了实验的一个重要用途，那就是它可以对通用框架进行微调。例如，早在罗杰斯实施社会规范干预之前，我们就从以前的研究中得知了社会规范可以产生效果。但这并不意味着社会规范在所有可能的环境中都能产生效果，也不意味着我们就知道如何有效地传达社会规范信息。当然，以前的研究也没有告诉我们社会规范在以前的某种环境中有多重要，以及应如何以最佳方式实施社会规范。通过实验，罗杰斯等人发现，社会性比较在他们研究的环境中似乎没有效果，这促使他们思考其他可能有效的干预措施。

实验可以帮助学校了解是否应该以及如何在所处的环境中使用社会规范，并将意料之中和意料之外的结果同时纳入考量。学校面对的可供选择的信息比它们能发送给所有人的更多，而实验能够帮助学校判断哪种信息是最有效的。这对众多学校的使命来说显然极为重要，但它们平时所依赖的现成研究却无法告诉它们答案。

安杰拉·达克沃思（Angela Duckworth）在短暂供职于咨询行业后，成为一名七年级的数学老师。她很快发现，基于智商来说，成绩最好的学生并不总是最聪明的学生，其中有些学生只是更有毅力而已。达克沃思后来入读研究生院，接着在宾夕法尼亚大学担任教职。在那里，她提出了“坚毅”的概念，并将其定义为“对一个长期目标的热爱和坚持”。

在某些情况下，达克沃思发现，坚毅的品质有助于实现传统智力标准无法预测的成功。正是这一发现使其闻名于世。一群教育改革家很快受到这一概念的启发，尤其是受到这样一个看法的鼓舞，那就是坚毅的品质不仅可以衡量，还可以塑造出来。这也就意味着，我们可以通过培训来使学生更加坚毅，从而提高他们走向成功的可能性。教育改革家们认为，坚毅是一种可以在孩子身上培养起来的品质。达克沃思也成为利用低成本田野实验来造福社会的重要践行者。在这方面，她的研究也反映了我们在其他领域见过的方法，即通过实验来弄清楚干预措施将会如何以及在哪里才能产生效果。

在教育界的学者和政策制定者中，一直存在着两种观点之间的博弈。一种观点认为人类个体具有相对固定的特征，比如智力或毅力方面；另一种观点认为，许多看似固定的特征其实是可以培养起来的技能。这种博弈也存在于心理学领域的人格心理学家和社会心理学家之间。人格心理学家往往试图衡量他们认为相当稳定的人格特征，而社会心理学家则认为情境对人的影响往往比我们预期的要大得多。社会心理学家的这一见解，是在行为洞察领域里反复实验后得出的重大发现，即一个人所处环境的微小变化，可能导致其行为发生惊人的改变。达克沃思和教育改革家们都认为坚毅的品质是可以培养的，而这一观点也得到了一些初步证据的支持。

然而，值得注意的是，向孩子们灌输坚毅品质的重要性，这样做不仅仅是一种简单的干预，还涉及采用所谓的“成长型思维”和“有动机的刻意练习”。心理学家卡罗尔·德韦克（Carol Dweck）提出了成长型思维的概念。他相信个人的基本能力可以通过后天努力加以培养，这会激发起一个人学习的欲望以及越挫越勇的韧性。受德韦克相关研究的启发，戴维·耶格尔（David Yeager）及其团队在 2016 年进行了一项实验，开发了一套旨在培养九年级学生成长型思维的干预措施。这套思维干预措施分成 3 个阶段。首先，让学生阅读一篇题为“你能提高你的智力”（You Can Grow Your Intelligence）的文章。这篇文章指出，大脑接受的挑战越多，就会变得越聪明。然后，要求学生写一个他们自己生活中通过学习而变得更聪明的例子。最后，要求学生向一位未来学习成绩可能不好的学生写一封鼓励信。实验结果显示，这套干涉程度极低的干预措施在实施的那一年使学生的 GPA（范围为 0 ～ 4.33）提高了 0.13。

另一支由劳伦·埃斯克瑞斯－温克勒（Lauren Eskreis-Winkler）领导、包括达克沃思在内的研究团队，为六年级和七年级的学生开发了一个训练模块，以此来教授他们“刻意练习”的原则，即关注自己的弱项、获得反馈，集中注意力，然后重复练习，直到熟练掌握。通过进行多次训练时间持续 25 ～ 50 分钟的田野实验，该研究团队通常可以在一个学期内将学生的平均 GPA 提高约 0.1，原本成绩较差的学生 GPA 涨幅更大。

在 0 ～ 4.0 或 0 ～ 4.33 范围的基础上提高 0.1，这似乎算不上大幅度的改善，事实也确实如此。但这仍然是一个重要的收获，因为该结果在多次实验中反复出现，而且干预措施的经济成本和时间成本非常低。从更广泛的意义上来说，我们有充分的理由认为，卡斯尔曼、佩奇、罗杰斯和达克沃思等人为教育领域所带来的改变，可能比在教育政策实践中一些成本昂贵的做法更具效益，而那些昂贵的做法在很大程度上并没有经过严格的田野实验检验。与之前的实验结果一样，这些实验不仅让学校明白了学生拥有坚毅品质的重要性，还让校方了解了应该如何让学生拥有这一品质。

随机对照测试在教育领域广泛兴起，而这些实验就是其中的一部分。近些年来，人们越来越重视实验在教育界的价值，资金提供者、学校和非营利组织纷纷通过实验来直接测试新想法，为决策提供有用的信息。

用测试推动财务管理

公元前 13 年，罗马皇帝奥古斯都担心，如果退役的士兵穷困潦倒了，他们可能会造反。奥古斯都的解决办法是征收新的税收，用来支付士兵的退休福利。在军队服役至少 16 年并额外在预备役服役 4 年后，士兵将一次性获得 3 000 第纳里。这一数额大约是一名士兵年薪的 13 倍。服务多年后获得固定收益，这已经成为退休计划的一种常见形式，被称为固定收益退休账户。事实上，到 1974 年，超过 2/3 的退休金都属于固定收益计划。当然，在两千多年的时间里，这个概念已经发生了很大的变化。当代最常见的固定收益计划是每月或每年支付一定数量的退休金，以供员工生活所需。但人们对固定收益的高关注度始终未变。

固定收益计划的吸引力显而易见。雇主替员工做出投资决策，而员工则得到有保障的回报。员工因长寿而获得大量退休金的风险，则由雇主或政府承担。近几十年来，很大一部分的退休计划已经转变成固定缴款计划，也就是企业缴纳固定数目的退休金，进行投资的机会（或者说这是一种负担）却转移到员工身上。

固定缴款计划通常要求员工积极自愿加入。在某些情况下，雇主会为员工支付一定比例的缴款。然而，即使条款非常优厚，许多员工也往往不会加入，因此失去了本来可以从雇主那里得到大量退休金的机会。而人们之所以不为退休存钱，并做出本章下一节中所讨论的那些行为，其中一个原因就是心理学家所说的现状偏见，即人们倾向于为了当前的成本和收益，而忽视未来的成本和收益。另一个原因在于，即使是那些想要加入计划的人也可能抽不出时间去做，仅仅是因为他们很容易忘记。一般来说，许多人都认同一点，那就是鼓励人们多存钱是一件好事。

基于这些观察结果，人们投入了巨大的精力，想方设法利用行为洞察来提高储蓄率。在 2003 年一篇颇具影响力的论文中，埃丝特·迪弗洛和伊曼纽尔·赛斯（Emmanuel Saez）与一所大学合作，开展了一项旨在鼓励人们加入延税退休计划（Tax-deferred Retirement Plan）的实验。在该实验中，他们邀请一些部门的员工参加收益信息说明会，而且只要出席会议，就能获得报酬。这一激励措施有效地提高了受邀者的出席率。更有意思的是，举办说明会的消息不胫而走，不仅获得报酬的人更愿意参加说明会，而且他们的同事也愿意来参加。最终，说明会上提供的信息促使更多人加入了那项延税退休计划。

乔治华盛顿大学经济学家安娜玛丽亚·卢萨尔迪（Annamaria Lusardi）及其同事提出了一个类似的方法。他们为新员工提供了一份简洁明了的单页手册，以指导员工们加入一项退休储蓄计划。结果发现，人们加入该计划的概率提高了 67%。

这些策略都需要向员工提供信息，而布丽吉特·马德里安（Brigitte Madrian）和丹尼斯·谢伊（Dennis Shea）则提出了一个更简单的策略：改变参加退休计划的默认选项。他们发现，改变退休储蓄计划的默认选项可以大幅提高人们的储蓄率。詹姆斯·崔（James Choi）和同事们研究了这一干预措施在同一家公司和另外两家采用相似退休计划的公司所产生的长期效应，发现在 4 年之后，与需要员工主动选择加入的制度相比，加入该退休计划的员工增加了 28%。

理查德·塞勒和什洛莫·贝纳茨（Shlomo Benartzi）在“明日多

储蓄”（Save More Tomorrow）计划中提出了另一种增加退休储蓄的方法。在该计划中，员工可以事先承诺，他们会随着工资的增长而提高自己的退休储蓄率。其背后的逻辑在于，如果你已经决定以后（而非现在）要存多少钱，那么你现在不太可能会不存钱。贝纳茨和同事发现，如果加入“明日多储蓄”计划是一个默认选项，那么该计划的员工加入率可达 83%；而如果员工需要主动选择加入，那么加入率仅为 27%。

这些干预措施和其他措施探索了能够鼓励员工进行退休储蓄的诸多方法。在这方面，我们完全有理由认为，行为实验可以改善人们的境况。不过，研究人员也把注意力转向了有关财务决策的其他更复杂的挑战，比如发薪日贷款问题。

发薪日放款人通常会收取非常高的利息，而且还款期限也设置得很短。借款人一般无法及时还款，因而不得不继续支付极高的利息。在一项实验中，芝加哥大学经济学家玛丽安娜·伯特兰和阿代尔·莫尔斯（Adair Morse）发现，借款人往往会高估自己在下一个发薪日还清贷款的概率。这两位经济学家与一家拥有众多分支机构的大型发薪日贷款公司合作，想看看能否阻止人们借入超出个人还贷能力的款项。怀着这个目标，这两位经济学家向一些潜在的借款人展示了一张简单的信息图表，上面显示了与他们情况类似的人的实际还款率。研究人员发现，在实施干预 4 个月之后，即便是如此简单的信息干预措施，也能使发薪日贷款比例相较于对照组下降约 11%。

当然，并不是所有的干预措施都能奏效，而这也是需要进行测试的原因之一。玛丽亚姆·布鲁恩（Mariam Bruhn）和她在世界银行的同事对财务教育进行了一项大规模的随机对照测试。在这项测试中，有 892 所高中同意让它们一个班的学生参加一个为期 17 个月的财务教育项目，学时为 72 ～ 144 小时，其中包括学生在家里和父母一起完成习题的时间。这一举措提高了学生的财务考试成绩和他们在学校的整体成绩，并增强了他们的就业能力。此外，实验组的学生家长在财务知识方面的平均得分也显著提高，而且他们更愿意存钱了。然而，参与实验的学生也参加了更多的分期付款计划，并会更多地使用信用卡借款，这说明他们同时也在累积债务。实验表明，想要了解一种干预措施是否有效是非常复杂的。要是研究团队只看到了最初的几个数据，他们肯定会认为干预措施已经取得了明显成效。但正是由于他们之后还仔细追踪了信用卡借款和贷款情况，才得以纵览全局。

世界银行的两位发展经济学家贡希尔德·伯格（Gunhild Berg）和比拉尔·齐亚（Bilal Zia）采用了一种更为不同寻常的财务教育方法。两人向随机选出的一些南非人提供金钱奖励，并让他们观看一部赌博和债务管理题材的肥皂剧。平均而言，这些看过肥皂剧的人在财务知识方面的得分更高，而且更有可能从要价低的正规债权人那里借钱。

现在回头来看，教育干预和财务干预之间是有相似之处的。与教育案例一样，实验帮助研究人员了解哪些通用框架适用于财务决策环境，以及知道了该如何创建一套工具来解决手头的问题。近年来，许多银行都开始进行自己的实验，以进一步了解人们的财务决策。

用测试促进个人健康

我们已经看到，现状偏见不仅会妨碍人们为未来做出明智的财务决策，还会阻碍人们保持身体健康。许多人宁愿看电视也不愿意锻炼，宁愿吃炸薯条也不愿意吃沙拉，这些都是因为我们低估了行为对身体健康的长期影响。同样，美国人不按医嘱服药，导致每年产生约 1 000 亿美元的医疗费用。药物的短期财务成本、短期副作用以及人们单纯的健忘问题，都阻碍了人们做出明智的长期决策。简单的解决方案不是没有，例如，低成本的电子提醒器，但其中很多解决方案并未得到实施。

在过去 10 年里，心理学家和行为经济学家一直在想方设法鼓励人们采用更健康的生活方式。宾夕法尼亚大学博士、行为经济学家凯文·沃尔普（Kevin Volpp）是行为健康领域的世界性领军人物。在一项研究中，沃尔普和他的同事让服药患者参加一个特殊的抽奖活动。如果他们按时服药，就有（较小的）机会可以赢得大奖；而那些没有服药的人，即使中了奖也不会得到奖励，但他们会由此得知，之所以他们得不到奖励，是因为没有完成他们本来应该做的事情。沃尔普的实验证据表明，这个抽奖活动可以激励人们完成服药。在他的另一项研究中，搞抽奖活动的方式也提升了节食者的减肥效果。沃尔普的研究经常利用他对认知偏见的深刻理解，来帮助人们做出更好的决策。这种干预是基于一种实证研究，即人们往往会高估低概率事件的发生概率。因此，人们才会花费大量金钱购买彩票，一部分原因就是高估了自己中奖的概率。沃尔普将人们这种对彩票的沉迷转化为健康领域中的一种积极因素。此外，人们往往更重视损失而不是收获。这种现象被称为“损失厌恶”。因此，人们之所以积极服药，是为了避免因为发现自己无法获得奖金而感到不愉快。

另一个通过实验证明的策略是沃顿商学院教授米尔克曼提出的“诱惑捆绑”。在她的实验中，被试只有在健身房里锻炼时才可以听他们喜欢的有声书。米尔克曼发现，如果被试知道有一本好书正在“等”着他们，会更愿意去健身房锻炼。

在另一项研究中，米尔克曼和她的同事借鉴了托德·罗杰斯关于投票动员的研究成果，来提高疫苗接种率。这项实验通过让人们思考并写下自己计划在什么时候接种疫苗，切实提高了其实际接种疫苗的概率。制订计划再次被证明是一种成功的低成本干预措施。

在选择拟执行的助推措施时，需要考虑哪种干预措施最容易长久地维持下去。通过默认加入的方式让人们参加退休储蓄计划的做法之所以有效，其中一个原因就在于，一旦人们加入该计划，现状偏见会使他们继续维持加入的状态。约翰·贝希尔斯（John Beshears）和同事（他们主要从事财务助推方面的研究）已经证明，通过默认加入的方式让人们参加送药上门计划，对患者的健康大有裨益。送药上门计划（这一计划往往比到药店买药更便宜）使患者更有可能坚持服药。这一默认选项可以帮助人们养成良好的习惯。

这也凸显了对于实验工作者的一个重要启示，那就是你想在多长时间内对结果进行追踪，取决于手头上待研究的问题以及短期结果和长期结果之间的关系。我们认为，实验可能存在过于关注短期结果的风险，这从长远来看有害无益。我们将在下一章看到，许多已经被证明具有短期效果的行为干预措施，在影响长期行为方面的效果却不佳。

测试指南

T H E
P O W E R
O F
EXPERIMENTS

1. 行为实验可以改善人们的境况。
2. 实验可以防止我们跟随自己的错误直觉走上一条错误的道路。
3. 实验可能存在过于关注短期结果的风险，这从长远来看有害无益。
4. 关键行动：必须在新的领域继续对实验结果进行测试，而不是简单地假定实验室实验或田野实验得出的结果适用于其他所有领域。

The Power of Experiments

第 13 章

用测试创造持续的积极改变

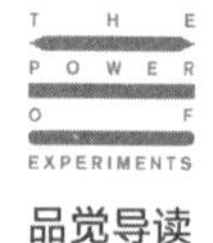

品觉导读

人从一出生，性格就注定了吗？大数据的洞察力似乎在告诉大家，一张优惠券可能就会改变你原有的储蓄计划，良好的健身意愿也很容易被短期的诱惑所影响。本章中的 BCFG 案例谈到了以实验和助推去推动可持续的社会发展，为美好的世界增添了希望。试想一下，企业何尝不是社会的缩影？如果一家企业中也有一个 BCFG 的团队，你能想象会出现怎样的情况吗

“持久行为改变”项目

上一章提到过的宾夕法尼亚大学商学院教授米尔克曼和心理学系教授达克沃思，喜欢一起步行上班。她们从位于费城市中心的家出发，步行 25 分钟到学校，这样她们就有时间了解彼此的生活和研究情况。她们有时会讨论费城的餐馆景象，有时则会讨论她们正在进行的旨在改善周围世界的实验。

2016 年夏天，米尔克曼和达克沃思花了很长时间讨论一个千载难逢的好机会。当时，麦克阿瑟基金会（MacArthur Foundation）号召为 100 & Change 项目征集方案，有望解决重大社会挑战的方案将获得 1 亿美元拨款。宾夕法尼亚大学的管理人员很快宣布，该校只会提交一个方案。米尔克曼和达克沃思能否利用人们对行为科学日益高涨的热情以及其自身的实力脱颖而出呢？

尽管米尔克曼和达克沃思认为她们不太可能击败来自世界各地的数百名竞争者，但还是决定试一试。她们提出的方案名为“持久行为改变”（Behavior Change for Good，以下简称 BCFG 方案）。该方案旨在联合社会科学家和相关从业者，共同致力于为健康、教育和储蓄领域带来积极、持久的行为改变。她们把“持久”定义为干预后持续至少一年的行为改变。

BCFG 方案的基本思路非常简单。人们知道自己应该在教育和锻炼上下功夫，并为日后的退休生活做打算。但是人们的良好意图很容易受到短期诱惑的影响。很多人宁愿逃课、睡懒觉、看奈飞电影而不去健身，宁愿花钱喝奶茶而不去买养老保险。最终，数百万美国人因为目光短浅的决策而遭受痛苦，甚至面临死亡。米尔克曼和达克沃思希望与组织机构和其他研究人员合作，找到能够帮助人们做出更明智决策的有效方法，具体来说，就是随着时间的推移，改变人们的习惯。

虽然这个想法很简单，但她们提出的这一方案却极其复杂。在相关从业者和其他研究人员的共同努力下，米尔克曼和达克沃思试着在健康、教育、储蓄等领域同时开展了一系列持续多年的田野实验。与前文中其他应用研究小组的实验一样，米尔克曼和达克沃思的实验也是建立在行为科学领域几十年来的研究成果之上的。相比于行为洞察团队和 Ideas42 等组织，BCFG 方案专注于学术研究项目，这些项目最终将帮助米尔克曼和达克沃思决定把哪些干预措施发展成为真正的实验。

在介绍更多关于 BCFG 方案的信息以及该项目的开展情况之前，我们觉得你对米尔克曼和达克沃思也要有更多的了解。米尔克曼从普林斯顿大学毕业后，参加了哈佛大学计算机科学系和商学院开设的博士生联合培养项目。巴泽曼是她的导师。米尔克曼之所以决定研究人们的判断和决策，受到了其个人经历的影响。回顾自己在饮食、锻炼和储蓄方面的“生活技巧”，她想起那些令她难以做出明智决定的诱惑，并开始思考可以强化自制力和做出长期决策的方法。

米尔克曼开始观察那些令人们左右为难的局面。人们经常在觉得应该做什么和短期内想要做什么之间摇摆不定。通过研究 DVD 影碟邮寄租赁行为（这是她跟巴泽曼和托德·罗杰斯一起开展的一个项目），米尔克曼发现，与租赁低俗电影（人们想要观看的电影）相比，当人们租赁高雅电影（人们觉得应该观看的电影）时，返还影碟所用的时间更长。通过研究杂货店购物行为，米尔克曼发现，小额的意外之财，比如 10 美元的优惠券，会让人们大肆购买平时不会买的商品，而不是把钱存起来，等将来购物时再使用。这些研究促使米尔克曼开始思考如何让人们更多地关注长期决策。作为宾夕法尼亚大学沃顿商学院的终身教授（她还在宾夕法尼亚大学医学院兼任第二职务），米尔克曼研究了流感疫苗接种情况、退休储蓄计划参与情况等一系列课题，致力于找到帮助人们做出更明智决策的方法。

至于达克沃思，你可以在上一章读到她有关意志力的开创性研究。2013 年，因对坚毅品质方面的突出研究，她荣获麦克阿瑟“天才奖”，并就此研究课题出版了一本畅销书。关于这个话题的 TED 演讲被观看了 1 300 多万次。

达克沃思是宾夕法尼亚大学心理学教授，被评为克里斯托弗·布朗（Christopher H. Browne）杰出教授，同时在商学院和教育学院兼任第二职务。她说：“弄明白人们的行为和行为改变的原理，知道其中的动机是什么以及该如何激励人们，了解将会遇到的挫折是什么以及该如何加以管理，了解会碰到什么诱惑以及人们屈从于诱惑的原因——这些工作在我看来，就相当于做一块半导体一样。”

米尔克曼和达克沃思虽然是从不同角度来探讨如何让人们做出更明智的长期决策这一问题的，但她们都有渴望找到这个问题答案的热情。正是这个共同目标促使她们能在 BCFG 方案项目上展开合作。

雄心勃勃的目标

米尔克曼和达克沃思知道，没有哪一位研究人员可以凭一己之力同时为健康、教育和储蓄领域带来实质性改变；也没有哪一个商业伙伴可以单靠自身的力量，找到对改善这些方面都感兴趣的研究者。因此，她们将 BCFG 设想为组织机构的召集人和协调者，旨在为想在该领域测试自己想法的参与者和研究人员提供服务。这个项目的规模超过了米尔克曼和达克沃思以前做过的任何研究，而且她们对该项目期望甚高。达克沃思在 BCFG 方案宣传片中说道："如果我们使用一种办法就可以针对 21 世纪所有的主要问题取得实质性进展，那该多好！"

为了实现这一点，米尔克曼和达克沃思认为她们需要完成的 3 个目标：与其他研究人员合作，开发设计出行为干预措施；找到一大批潜在的研究参与者来测试这些干预措施；创建一个可以协调实验的骨干组织。

当行为洞察团队带头将行为实验付诸实践时，米尔克曼和达克沃思看到了一个创建研究型组织的机会。该组织会联合一个日益壮大的大学生态系统，设计出旨在促进行为田野实验的方法。2003 年，麻省理工学院设立了 J-PAL，该机构目前拥有 400 多名供职于全球 7 个办事处的专业人员以及来自各大著名高校的教职人员。J-PAL 致力于同其他组织机构合作，在全球范围内开展旨在减少贫困和改善福祉的实验。J-PAL 已经开展了数百次实验，改变了经济发展格局。哈佛大学曾创建行为洞察小组，我们也是其中一员。这是一个干涉程度更小的组织，它以非正式方式将 40 名教员组织起来。他们通过田野实验，利用行为洞察为公共利益提供服务。哈佛的研究生还创建了一个拥有

700 名成员的姊妹组织，名为“行为洞察学生小组”。

通过 BCFG 方案，米尔克曼和达克沃思为行为洞察领域提供了一个重要的补充。她们为来自许多大学的研究人员提供了一个平台，让他们可以在实际的组织机构的实验参与者身上测试自己的想法。与现有组织不同，BCFG 方案完全专注于开发新的行为改变研究。米尔克曼和达克沃思将在所有通过 BCFG 方案启动的项目上进行合作，并且这些项目有望成为田野实验生态系统的独特补充项。

在健康领域，她们希望提高人们的健身房出勤率，减少吸烟，加强服药依从性，让人们多多步行，并鼓励健康的超市购物行为。在教育领域，她们聚焦于提高学生的上课出勤率和家庭作业完成率，并尽量减少违纪事件。在储蓄领域，她们旨在减少支出和提现，增加储蓄。BCFG 方案的目标就是创造出能够持续至少一年的积极改变。

从梦想到现实

完成了 100 & Change 拨款申请表之后，无论是早晨步行上班还是在办公室里，米尔克曼和达克沃思一直怀揣着远大的梦想。米尔克曼回忆说：“可以获得 1 亿美元拨款的机会让我们有了给任何人打电话的底气。”她和达克沃思成功招募了一群来自多所大学和多个学科的科学家，包括诺贝尔奖得主詹姆斯·赫克曼（James J. Heckman）和理查德·塞勒、麦克阿瑟“天才奖”获得者科林·卡默勒和塞德希尔·穆来纳森、《纽约时报》畅销书作者亚当·格兰特（Adam Grant）[①]、

① 亚当·格兰特，沃顿商学院最年轻的终身教授，位居全球 25 位最具影响力的管理思想家之列，长期担任 Google、IBM、花旗集团等组织的资深顾问。——编者注

罗伯特·西奥迪尼和卡罗尔·德韦克（这两人目前也是 BCFG 方案的成员）。科学家们表示，他们之所以被这个项目吸引，一部分是因为他们对米尔克曼和达克沃思的钦佩之情，一部分是因为对 BCFG 方案的独特结构感到好奇，还有一部分纯粹是出于学术兴趣。同样，也是这些原因激励着米尔克曼和达克沃思，但其他没有多少人能够真正投入大量时间到日常工作中去，比如去启动大规模的田野实验。

与此同时，米尔克曼和达克沃思签署了 17 个公共和私人伙伴的合作协议，而吸引这些合作伙伴的，是与最优秀、最聪明的行为研究人员进行合作的机会。在健康领域，他们的合作伙伴包括 24 Hour Fitness、Blink Fitness、Humana、CVS Caremark、Weight Watchers 和 Whole Foods。在教育领域，KIPP、纽约市公立学校、Summit Public Schools、费城学区和大学理事会都同意参加该项目。在储蓄领域，美国银行、HelloWallet（晨星公司旗下一家个人理财服务平台）、Acorns 和 USAA 都表现出了与客户进行田野实验的浓厚兴趣。

为了便于在现实的组织机构中实施研究人员的想法，米尔克曼和达克沃思为 BCFG 方案雇用了较少的员工。1 名执行董事和 2 名研究协调员负责管理构成 BCFG 方案的许多流程和关系网，1 名高级产品经理和 2 名应用工程师则构建了一个网络平台，通过电子邮件和文本向数十万被试部署干预措施。

当宾夕法尼亚大学选定 BCFG 方案作为该校向麦克阿瑟基金会提交的方案时，米尔克曼和达克沃思非常激动。主持公共广播节目《魔鬼经济学电台》（*Freakonomics Radio*）的记者斯蒂芬·达布纳（Stephen Dubner）对米尔克曼和达克沃思的计划很感兴趣，决定对 BCFG 方案进行追踪报道。最终，麦克阿瑟基金会并没有将 1 亿美元授予 BCFG 方案。不过，考虑到米尔克曼和达克沃思所做的努力以及她们之前取得的辉煌成就，宾夕法尼亚大学管理层在这个项目上还是投入了数百万美元。

两个额外的启示

通过助推措施促进健康

为了展示 BCFG 方案的运作过程，我们将集中讨论米尔克曼和达克沃思在健康领域发起的一个项目，这个项目的主要目标是提高人们的体育锻炼参与度。她们以此为目标的原因在于，有越来越多的科学文献显示，美国人的锻炼习惯还具有改进的空间。最终该研究证明，在短短 1 个月内向锻炼的人给予金钱奖励，那么即使随后取消了这一激励措施，也能给人们带来持久的行为改变。

此外，统计数据也显示美国人在体育锻炼方面还有很大的提升空间。近一半美国成年人没有达到联邦政府关于有氧运动的指导标准。如果同时考虑他们的有氧运动和肌肉强化锻炼，未达标比例则高至 88%。不过，美国人已经意识到自身运动不足的问题，并且想要加以改善。尼尔森公司（Nielsen）的一项全国民意调查显示，66% 的美国人觉得自己缺乏锻炼。

长期来看，一个人不能坚持锻炼或许有致命的风险。缺乏锻炼不仅被视为引发心脏病的一个诱因，还会增加罹患中风、2 型糖尿病、某些癌症、关节炎、抑郁症以及过早死亡的风险。而令人欣慰的是，逐步提高人们的体育锻炼参与度，是可以挽救生命的。研究人员估计，1980—2000 年，美国全国体育锻炼参与度平均下降 2.3%，这与

17 445 人因冠心病而加速死亡的数据直接相关。

简而言之，米尔克曼和达克沃思知道，培养人们的锻炼习惯是可行的，也是一桩紧迫的事，同时符合人们自身的意愿。为了助推人们加强锻炼，她们联系了 24 Hour Fitness 和 Blink Fitness。这两家公司随时可以接触到有意改善健康状况的人，并能够获取这些客户锻炼习惯的相关数据。

24 Hour Fitness 是一家全国性的连锁健身俱乐部，拥有 370 万名会员，在美国 13 个州开设了 420 多家健身房。当达克沃思在电子邮件中向该公司当时的 CEO 克里斯·鲁索斯（Chris Roussos）提出合作意向时，鲁索斯欣然接受，因为他本来就打算把达克沃思的著作《坚毅》（*Grit*）发给公司的领导团队阅读。通过交谈，24 Hour Fitness 的领导者立刻明白了与 BCFG 项目合作可能为他们公司带来的好处。这次高调的合作不仅能对公司起到宣传效果并带来良好口碑，而且成本很低（宾夕法尼亚大学承担了实施干预的费用），还有可能对 24 Hour Fitness 的会员有所助益。该公司总裁弗兰克·纳波利塔诺（Frank Napolitano）认为，公司的发展不仅在于出售会员卡，还在于提高会员的锻炼参与度。他在一次采访中说："我们有一个强烈的信念，那就是要让人们活动起来，帮助他们过上更长寿、更强壮、更健康的生活。所以我们想让 BCFG 项目一同参与进来。"

此外，24 Hour Fitness 指出，提高会员的锻炼参与度也有助于增加公司营收。尽管 24 Hour Fitness 长期以来一直与研究人员合作开发健身计划，并对会员进行民意调查，但这次跟 BCFG 项目的合作涉及大规模的实验和数据共享，这在该公司 30 年来的历史中是前所未有的。与世界著名行为科学家的合作前景，令 24 Hour Fitness 的高管们兴奋不已。

Blink Fitness 是总部位于纽约的连锁健身俱乐部，拥有 25 万名会员，在美国 4 个州开设了 60 多家健身房。Blink Fitness 收取低廉的会员月费，提供健身设备和更衣室等基本设施服务。Blink Fitness 坚持认为，它不会把那些从不健身的人吸纳为会员。Blink Fitness 营销副总裁埃伦·罗格曼（Ellen Roggemann）在采访中表示："我们希望提供高质量的健身服务。"因此，当米尔克曼和达克沃思联系 Blink Fitness 时，该公司的高管心潮澎湃。因为通过这次合作，他们可以更多地了解会员，鼓励会员在健身房内外都进行锻炼，并能够发现对其公司的潜在好处。

BCFG 启动

2017 年 5 月，米尔克曼和达克沃思在宾夕法尼亚大学召开了 BCFG 团队科学家的第一次会议。在这次为期数天的会议上，科学家们得以彼此认识，米尔克曼和达克沃思还预先展示了 StepUp 平台。这是开发人员创建的一个网络平台，用来部署科学家为提高被试的锻炼参与度而设计的干预措施。直到这时，科学家团队的大多数成员才开始充分意识到米尔克曼和达克沃思为 BCFG 所制订的计划究竟有多大规模，需要付出多少努力。

StepUp 程序在电脑和智能手机上都可以运行，被试需进行为期 28 天的测试。健身房会员需要访问 StepUp 网站进行注册，其余被试由科学家们自行决定干预方式。利用 StepUp 平台，科学家可以测试有希望成功的想法，这些想法基于有关人们锻炼动机的科学文献。他们还可以在注册过程中添加一些内容和问题，并对被试将收到的电子邮件和文本进行定制。BCFG 团队则追踪所有的干预措施，以便对干预措施的实施情况和每种干预措施的被试人数进行管理。

在首次会议举行 1 个月后，米尔克曼和达克沃思给科学家团队发了一封跟进邮件。她们写到，与 24 Hour Fitness 和 Blink Fitness 合作开展的第一轮实验即将开始，现在是时候让科学家们分享他们对具体干预措施的看法了。这些干预措施利用电子邮件和短信，激励健身俱乐部会员坚持锻炼。米尔克曼和达克沃思解释，干预措施应该简单明了，并可通过 StepUp 进行扩展和管理。BCFG 团队简化了实验的运行机制，使每个科学家都有了设计最有效干预措施的动力。

到现在为止，你已经阅读了本书的大部分内容。在阅读下文之前，请花点时间思考一下，你会提出何种有效的干预措施呢？

虽然很多实验都产生了立竿见影的效果，但初步结果显示，一些具有短期效果的行为干预措施，几个月后的效果会大打折扣。对于通常只关注短期结果的健康领域来说，这是一个重要的发现。这个发现对实验工作者来说也很重要。因为这说明了短期结果可能具有误导性，所以对数据进行长期追踪是很有价值的。就 BCFG 而言，我们希望这一发现有助于将研究引向具有长期效果的干预措施上，而这正是 BCFG 的意义所在。用达克沃思的话来说："干预行为改变实在太难了。"在我们完成本书之前，这组实验的结果尚未被完全分析出来。

BCFG 为实验工作者指出了另外两个重要启示。第一个启示是，米尔克曼和达克沃思的实验用途与罗杰斯的教育和投票实验用途有很大不同。米尔克曼和达克沃思不遗余力地专注于那些新颖的干预措施，即使这些干预措施不太可能产生任何效果。她们的实验目的是开发新的学术框架。相比之下，罗杰斯早期的投票实验更关注改进已知的框架和向潜在客户展示分析师研究所的潜力，而不是关心干预措施本身的新颖性。这些实验的不同用途都是完全合法的。

BCFG 带来的第二个启示在于，实验的设计取决于组织的激励措施。如果 24 Hour Fitness 打算开展自己的实验，它可能会更多地关注如何做到对客户影响最大化（这当然也是该公司的目标），而不是专注于学术创新。有人可能会问，为什么一家公司会与 BCFG 合作呢？对于企业来说，这么做是有充分理由的，即使它会选择不同的干预措施，与 BCFG 拥有不同的目标。首先，与 BCFG 合作可以带来大量的新想法。另外，研究人员及其资助者承担了开发应用程序和进行实验的费用，这使得 BCFG 可以专注于最感兴趣的科研问题，而不是那些对相关企业最有用的问题。因此，也就不难理解这种合作对所有参与方都有好处了，并且肯定会为世人提供有用的洞察。

测试指南

THE POWER OF EXPERIMENTS

1. **实验的设计取决于组织的激励措施。**
2. **借助实验可以开发新的学术框架，或者改进已知的框架。**
3. **关键行动：短期结果可能具有误导性，所以对数据进行长期追踪是很有价值的。**

The Power of Experiments

第 14 章

正视测试伦理规范

品觉导读

虽然实验和助推给我们无限的憧憬，但也必须正视实验过程中衍生出的道德问题。没有人喜欢被监视，或者成为被操控的对象。无论是助推还是被助推，正邪之间可能仅是一线之差。实验是一种以系统的方式测试新想法的方法。单一的实验不可能满足全部需求，只有不断地在实验与实践之间进行优化，才能找出答案

测试是一种学习的形式

多年来，公众对实验的批评声不绝于耳。当我们在咨询、教学和研究项目上与不同的组织机构合作时，发现哪怕我们对外宣称实验的目标是帮助人们做出更好的决策，也依然会遇到妨碍实验持续开展的特定文化准则。例如，在与某国的不同机构合作时，我们经常听到这样一种观点：在不同条件下对实验参与者施加不同的处理方案，这种做法不符合该国要对所有人一视同仁的文化准则。我们努力尊重不同的文化准则，但我们认为，不应该因为处理方案的不同而厌恶实验。究其原因，我们认为有两点。

第一点，我们要把实验视为一种学习的形式。从长远来看，可以通过实验加深对事物的了解，从而对产品、政策或医学疗法做出改进。针对哪种处理方案对人们更有利的问题，你可能有自己的猜测。但是，一些人可能会被施加连你都觉得糟糕的处理方案。可从长远来看，这可以让你更有把握地知道哪种处理方案最好，为尽可能多的人提供更好的护理、产品和政策。我们认为，在决定一项实验是否合乎伦理时，不妨权衡长期益处与短期机会成本之间的得失。

激励措施不一致时，如何进行实验

即使实验的目的是为人类谋求更大的福祉，人们也会因为处理方案的不同而心生疑虑。还有些人担心，组织机构想要通过实验达到的目标并不符合公共利益。例如，大多数公司会利用实验来制定旨在提高公司利润的决策。像许多旨在提高公司利润的制度一样，实验结果可能对客户有利，但也可能不利。如果你的目标是设计出尽可能好的产品或服务，实验则可以帮助你更有效地做到这一点。就像我们希望营利性组织的领导者能够如实记录账目、开展良好沟通一样，我们也希望他们能够通过实验来仔细审视自己的新想法。

不过，企业所做的实验有时确实是为了想方设法榨干消费者的每一分钱，来最大限度地提高公司利润，而无视这样做对消费者带来的影响是好还是坏。如果实验以牺牲消费者利益为代价来为企业牟利，就会出现需要管理者思考的实验伦理问题，并权衡取舍。那么，可不可以设计出既增加公司利润，又避免让客户面临更大损失的实验？这个问题并非实验领域独有的问题，但实验为管理者提供了一个独特的机会，让他们可以明确自己的目标，清楚地知道自己愿不愿意做出权衡取舍，愿意做出怎样的权衡取舍。根据我们的经验，这样也可以帮助管理者提出和解决他们原本试图掩盖的问题。

人们害怕成为测试中的小白鼠

第二点是人们本就有“实验厌恶”，会害怕成为组织机构实验中的小白鼠。我们遇到过一些人，他们本能地厌恶实验，但是他们不反对组织机构尝试新想法，系统性地思考要尝试的内容和方式、系统性地分析实验数据，主要是在数量相对较少的人身上测试新想法，而非不经任何测试就面向大众推出。把这些加总在一起，就构成了开展实验的过程。实验就是一种以系统性方式去测试新想法的方法。

“实验厌恶”历史上早已有之。哈里·马克斯（Harry Marks）在他关于医学实验历史的著作中，引用了 20 世纪 40 年代美国退伍军人管理局文件中的一句话:“在退伍军人管理局，我们不喜欢使用‘实验’这个词语。对于退伍军人管理局所属医院的此类研究，‘调查’或‘观察’是被批准使用的词语。”同样的，“A/B 测试”这个词语也经常被委婉地用来描述公司实验。最近，一家科技公司告诉我们，它做的不是实验，而是“A/B 测试”。通过更好地理解实验的价值和风险，组织机构可以弃用这些委婉的说法，对实验更加直言不讳，只要以学习为目的，同时规避不必要的风险即可。

开展测试，管理者的领导力至关重要

2013 年，哈佛大学肯尼迪政府学院的公共领导中心（CPL）成立了自己的行为洞察小组。该中心引入了行为洞察团队的实践，并提出了关于领导力本质的问题。此前，该中心并不太关注卡尼曼、特沃斯基和塞勒等人的研究，实验也不是该中心相关教员常用的一种方法。

在这个公共领导中心，有一个早期的专家组，这个专家组由巴泽曼主持。一位该中心的小组成员觉得关于实验的陈述非常有意思，但也指出，传统领导力的目标是改变追随者的内心和思想。对于将实验作为领导力工具的做法，他持怀疑态度。

这种看法忽略了一个关键点，那就是想要创建一个关注实验和证据的组织机构，管理者的领导力至关重要。戴维·哈尔彭在创建行为洞察团队的时候就展现出了他的领导力；哈尔·范里安在Google公司内部开展实验的时候，也表现出了领导力；安杰拉·达克沃思和凯瑟琳·米尔克曼（即凯蒂·米尔克曼）在把实验视为“持久行为改变”项目的核心原则的时候，同样表现出了她们的领导力。优秀的领导者会谦逊地承认自己不知道某些事，在不确定的世界里找到最佳选项，然后开展实验。他们会创建懂得学习和适应环境的组织机构，而实验正是这一过程中的重要组成部分。

当我们尝试新想法的时候，应该先确定这一新想法是否真的有效。实验若失败了会浪费组织机构的资源，妨碍我们从新想法中吸取经验教训。而且，忽视那些我们以为很容易获得的证据，也会引发实验的道德问题。

测试指南

THE POWER OF EXPERIMENTS

1. 实验是一种学习的形式，是一种以系统性方式去测试新想法的方法。
2. 忽视那些我们以为很容易获得的证据，会引发实验的道德问题。
3. 想要创建一个关注实验和证据的组织机构，管理者的领导力至关重要。
4. 关键行动：在决定一项实验是否合乎伦理时，不妨权衡长期益处与短期机会成本之间的得失。

不畏无知，用测试构建核心竞争力

读过这本书后，也许你已经准备好开展一项测试了。但是，当你去问会计部的同事可不可以试着修改欠款催收函时，如果他不同意，我们也不会感到诧异。修改欠款催收函复杂吗？成本昂贵吗？会不会对客户或者员工不公平？基于这些令人疑虑的问题，许多管理者宁愿安于现状，不管他们这么做是否有充分的理由。管理者通常更愿意根据自己的直觉来尝试新想法，因为测试听起来太可怕了。

从无意识测试转向有意识测试

正如本书一直谈到的，管理者不愿意做测试的想法往往是不合理的。实际上，管理者一直在进行有益的实验，甚至根本没有意识到他们正在这样做。为了了解这些“无意识测试”（Incidental Experiment，该说法由卢卡及其合作者奥利弗·豪泽所创造）是如何产生的，让我们来看看一些大学在为学生分配室友时面临的挑战吧。为了便于分配，学校通常会先让学生填写一份调查问卷，以确定他们的偏好，然后生成互相匹配的组合人选。但是，学校需要决定如何在众多的合适人选中建立配对关系。

校方可以采用以下几种方法解决这个问题。一种方法是实施一个基于市场的策略：拍卖“最佳”宿舍里的“最佳”寝室，然后任其发展。许多学校都避免采用这种方法，因为这看起来太像等级制度。另一种方法是对学生做进一步调查，明确他们的偏好，并且仅根据其中共同的或互补的偏好来决定匹配人选，但这种方法可能过于复杂且成本高昂。大多数学校通常采用一种公平又简单的低成本方法：在经过初步筛选后，随机分配室友。

使用随机分配方法的结果是，一些非常会社交的学生被随机分配到喜欢安静的室友那里，这样他们就可以努力学习。一些室友拥有相似的人口统计学特征，而另一些人则跟与他们截然不同的人共处一室。学习能力强的学生也可能和学习能力差的学生分到一起。

请注意，这些学校并不是打算做实验，只是试图通过随机分配室友的方式来确保公平公正。但是室友的可定义特征千差万别，在这种情况下，“随机分配”就相当于一次实验。学校可能没有指明用以区分学生的变量，也没有研究这些变量对结果的影响，但它们确实进行了一次无意识实验。

经济学教授布鲁斯·萨塞尔多特（Bruce Sacerdote）没有忽视这种随机分配的价值。萨塞尔多特曾在达特茅斯学院攻读本科学位，后来进入哈佛大学攻读经济学博士学位，现在他是达特茅斯学院教授，并在该校开展学术研究。萨塞尔多特意识到，他可以利用随机分配的方式，进一步了解如何改善大学学业情况。通过比较达特茅斯学院里被随机分配了不同室友的情况相似的学生，萨塞尔多特发现，这些学生的成绩会被室友影响。同时，随机分配的室友也会影响彼此对学生社团的选择。例如，如果一个学生的室友加入了某个社团，那么这个学生做出同样选择的可能性会提高 9%。萨塞尔多特利用学校的新生入学调查，进一步探究了这种影响的本质。在调查中，新生被问到了一系列问题，比如他们认为自己能以优异成绩毕业的可能性有多大。对于每个问题，学生需要回答“不可能”“可能性很小”“有可能”，或者“可能性很大”。在成绩方面，萨塞尔多特发现有些学生比其他人更容易受到同伴的影响。相信自己会以优异成绩毕业，或者认为自己不会以优异成绩毕业的达特茅斯学院新生，比那些不太确定自己是否会以优异成绩毕业的学生更不容易受到同伴的影响。但在社团生活方面，萨塞尔多特发现情况有所不同。对于是否会加入某个社团的问题，许多学生的回答与他们的实际行为不太相符。而且，他们的回答低估了室友对他们所做决定的影响程度。

诸如此类的无意识实验一直都在发生。例如，始于 1925 年的全美拼写比赛。你有没有想过，全美拼写比赛的评委们是如何选择给参赛者看到的单词排顺序的？显然，随机分配的方法似乎是最公平的，而这正是大多数拼写比赛的做法。瞧，这又是一个无意识实验！通过分析全美拼写比赛的数据，佐治亚州立大学经济学家乔纳森·史密斯（Jonathan Smith）发现，如果前一名参赛者回答正确，那么后一名参赛者回答错误的概率会比他们在前一名参赛者回答错误的情况下高出 13% ～ 64%。

从政府到企业，无意识实验普遍存在于各类组织机构中。广泛利用抽签的方法来分配稀缺资源就是一个典型的例子。例如，芝加哥公立学校就采用抽签方式决定学生将入读哪所学校。经济学家朱莉·贝里·卡伦（Julie Berry Cullen）、布赖恩·雅各布（Brian Jacob）和史蒂芬·列维特利用学生之间的这种差异，研究入读好学校对学生产生的影响。他们发现，就传统的学习成绩而言，入读的学校好不好并不十分重要，至少在他们研究的学校里是如此。不过，抽到好学校的学生在其他方面的表现要好于那些抽到较差学校的学生。例如，前者违纪或违法被捕的比例较低。

一旦开始观察周围，你就会发现无意识实验随处可见。你发现在你的组织机构中有吗？如果有，你可以从这些无意识实验中洞察到什么？

有一种观点认为，实验原本就非常复杂，应尽量避免涉及，而普遍存在的无意识实验有助于破除这种观点。显然，学习那些可以降低成本的实践任务，为员工和客户创造公平合理的流程以及增加利润，这些措施是可以与寻求知识的目标保持一致的。

我们没有理由止步于无意识实验。有意识实验也可以是一种有效的且低成本的学习方法，但如果你的目标是想了解哪些想法可行，那么可以从无意识实验转向开展有意识实验，对随机化进行设计，以便更好地了解哪些想法是可行的。

测试是领导力工具

在本书中，我们看到了无数的测试方式已经开始改变政策和商业领域，领略到了测试的潜力和力量。但我们也意识到，在组织机构中开展实验仍处于早期阶段。有效的实验需要在管理上做出合理判断，对结果进行仔细解读，并对实验的优点和局限性有所了解。

我们总是会看到，领导者在做出关于未来的决策时，常常依赖自己的错误直觉。而正是这种错误认知促成了实验革命，使组织机构纷纷投身实验浪潮。简单来说，领导者有责任做出艰难的决策，而实验有助于提高他们的决策能力。领导者既要谦逊也要自信，不畏无知，清楚自己不懂的地方，并把实验作为解答棘手问题的一种工具。

领导者除了着手于实验外，还能够影响组织机构中的其他人，让他们将实验视为学习和适应的一种常用方法。实验在一些组织机构中很常见，而在另一些组织机构中却很少见。这并非偶然现象。领导者定下基调，而那些阻碍实验的人也等于是在阻碍他们为组织找到更有效的运营方式。换句话说，如果领导者只是把实验视作技术性工具，认为它与管理决策无关，那么他们就犯了一个错误。

我们在本书中讨论的实验，为领导者、为开展实验的人、为希望了解实验时代的人，都提供了重要的启示。以下列出了五大主题，以供那些想要在组织机构中利用实验的人参考。

主题 1：实验革命才刚刚开始

在本书中，我们看到了科技、教育和政策等多个领域所进行的实验。短短数年时间，数以百计的行为洞察小组在公域和私域纷纷涌现，其中许多小组使测试在决策过程中占据显要地位。有三个核心因素促成了实验的兴起。第一，数据变得越来越容易获取，这主要是由于文档记录的数字化和在线平台的不断发展。第二，在线平台降低了随机化的成本和难度。对于科技公司来说，建立一支数据划分团队属于标准的操作程序，随机化通常只要点击一下按钮即可实现。第三，行为研究使人们越发认识到，即使是微小变化也会对决策产生巨大影响；人类的直觉可能存在严重缺陷，而实验有助于用证据弥补直觉的不足。

主题 2：实验大体上是有益的

一般来说，利用证据来改善决策确实是明智之举，这一点没有争议。在第 1 章中提到的实验里，欠税提醒函是英国政府发给拖欠税款的纳税人的，而通过对欠税提醒函的版本进行微调，税务人员可以知道哪个版本最有效。在各种不同的背景下，当政策制定者或企业要思考如何最有效地分配稀缺资源时，实验可以帮助他们预测不同选择所带来的回报。

主题 3：由于实验是组织机构的一大助力，因此实验也可能成为“帮凶”

实验可以帮助组织机构学习，更好地实现目标。但如果作为领导者，你不认同这些目标呢？在这样的情况下，实验会使组织机构去做一些你不希望组织去做的事。从这个意义上来说，实验是一种工具，它就像其他任何工具一样，既可为善，也可为恶。利用实验来帮助掩盖费用支出的行为，可能会让公司在成本控制方面更有效率，但是最终也可能使客户陷入更加不利的境地。

主题 4：实验的价值不仅仅体现在科技行业中

科技行业和公务部门是实验的早期采纳者，但它们绝不是仅有的采纳者。在其他领域，实验同样价值不凡。营利性和非营利性组织的领导者以及政策制定者，应该考虑实验在何时何地可以为自己的组织带来价值。

主题 5：还有很多工作要做

现在仍处于实验革命的早期阶段。实验在某些环境中早已司空见惯，而在另一些环境中，实验杳无踪影。造成这种现象的一个原因是，实验确实更适合在某些环境中使用。实际上，组织机构仍然在试图弄清楚应该如何以及何时开展实验。例如，实验在优步公司的决策过程中发挥着至关重要的作用，但据我们所知，至少有一家大型拼车公司不会进行任何可能对其不利的实验。即便是在频繁开展实验的组织机构内部，实验同样具有挑战性，而且应用得也并不稳妥。即便是优步公司，也在投入大量资金研究如何最有效地开展实验，并且克服障碍，从实验中获得有意义的洞察。实验革命才刚刚开始。不管是在研究还是在实践方面，还需要做很多工作，才能更有系统地设计、评估和实施基于实验的决策。

用测试为组织机构的决策提供指引

在本书中，我们讨论了在各种背景下目标各不相同的实验，从中发现了 4 种实验可以作为帮助组织机构改善决策的常见方式。

1. 实验有助于评估现有的产品或政策

有时，组织机构确切地知道它们想推出什么产品或政策。在这种情况下，实验有助于衡量新政策或新产品的效果，并阐明预料之内和预料之外的结果。例如，为了评估公车化服务，优步公司开展了一系列实验。在这些实验中，优步公司用户可以步行到最近的上车点与其他用户拼车，从而降低成本。从许多方面来说，这属于一种政策评估。优步的一个目的是评估这项政策会不会比以前的更好。最终，优步公司发现，总的来说，公车化服务对用户有利，但有些用户是从优步公司的其他产品改用公车化服务的。这项服务也许对用户有利，但优步公司还想知道它是否在总体上对自己有利。

2. 实验可以验证一个理论或假设

即使你已经有了一个特定产品或政策的构思，但是通常还需要知道该产品或政策发挥效果的原理和方式。在这种情况下，实验可以帮助检验一个特定的假设。例如，在爱彼迎有关身份偏见的实验中，该平台想知道政策上的某种变化，是通过纠正房东的看法来减少身份偏见的，还是仅仅通过模糊身份概念来减少偏见的。这种差异可以指引爱彼迎进一步改善产品，帮助爱彼迎更好地理解为什么身份偏见现象在该平台上如此普遍以及如何才能减少这种现象。机制实验旨在弄清楚为什么某种变化能发挥效果，而不仅仅是弄清某种变化是否发挥了效果，而这一目的有助于对假设进行验证。

3. 实验有助于开发或改进框架

实验还可以帮助组织机构开发跨决策应用的框架。组织机构遇到某类决策的频率越高，拥有一个框架——而不仅仅是产品评估——就越有价值。第 13 章的“持久行为改变”实验催生了新的学术理论，弥补了现有理论的不足，其目标是将新的学术理论推广到各种不同的场景中。主导这一实验的两位学者的目标是研究并发展出心理学如何促成长期行为改变的理论，其中对长期的定义是 1 年及以上。正如托德·罗杰斯的教育实验所示，他利用现成的行为理论，比如行为洞察团队普及的社会规范干预，通过实验来了解学校是否能够以及如何利用这些理论来提高学生的上课出勤率。在这种情况下，实验允许组织机构根据特定的环境对现有理论进行微调。

4. 在尚没有形成理论的地方，可以用实验发现事实

有时你并没有一个假设。在这种情况下，实验仍然有助于发现事实，帮助你了解现有框架的缺陷。正如我们提到过的，eBay 可能没有一个理论来说明它是否有意地选择字体，或者它没有一个理论来说明广告中演员的性别是否会影响产品的使用。但是 eBay 的领导者可能会在意这些问题，而实验可以帮助他们找到答案。

如果知情，你愿意成为测试的支持者吗

你是否赞成尝试那些有望改善现状的新想法？在尝试一个新想法的时候，你是否愿意系统性地思考它是否会起到改善作用？你是否愿意尽量客观地对此进行评估？如果新想法行不通，你是否愿意在尝试新想法时，将它的成本降至最低？

如果你对以上每个问题的回答都是肯定的，那就说明你可能是支持进行实验的。实验只是一种系统性地、客观地尝试新想法的方式。

实验开展得越好，就越能准确地证明一个新想法的前景。因此，我们认为，对于实验知情的公民应该成为实验的支持者。

不过，在支持实验的同时，我们还需要接受不确定性。也就是说，要认识到即使付出了努力，结果也可能会发现新想法行不通。一个设计良好的实验可以让我们以相对较低的成本了解这一点。我们认为，当政策制定者不知道关于某个政策问题的答案时，其他人应该鼓励前者承认这一点，并促使他们通过实验找到答案。我们应该支持那些能够意识到“助推小组”的政策制定者，并相信他们可以创建更高效的组织。

换句话说，实验具有巨大的潜在好处。但就像所有的证据收集工作一样，证据的价值完全取决于开展实验的人。如果组织机构利用实验来找出欺骗你的方法，这对公司有利，但对你不利。人们不应将这些担忧抛诸脑后，但我们乐观地认为，只要组织有了足够的透明度并对类似行为加以限制，就可以获得实验的价值，同时避免对实验的滥用。

1933 年，著名词曲作家科尔·波特（Cole Porter）为音乐剧《仙女》（*Nymph Errant*）创作了歌曲《实验》。虽然这部音乐剧所说的是一种不同类型的实验，但其结论具有先见之明，那就是建议每个人“做所有优秀科学家都会做的事，那就是实验”。

本书到这里就结束了，而测试时代才刚刚拉开帷幕。

未来，属于终身学习者

我这辈子遇到的聪明人（来自各行各业的聪明人）没有不每天阅读的——没有，一个都没有。巴菲特读书之多，我读书之多，可能会让你感到吃惊。孩子们都笑话我。他们觉得我是一本长了两条腿的书。

———查理·芒格

互联网改变了信息连接的方式；指数型技术在迅速颠覆着现有的商业世界；人工智能已经开始抢占人类的工作岗位……

未来，到底需要什么样的人才？

改变命运唯一的策略是你要变成终身学习者。未来世界将不再需要单一的技能型人才，而是需要具备完善的知识结构、极强逻辑思考力和高感知力的复合型人才。优秀的人往往通过阅读建立足够强大的抽象思维能力，获得异于众人的思考和整合能力。未来，将属于终身学习者！而阅读必定和终身学习形影不离。

很多人读书，追求的是干货，寻求的是立刻行之有效的解决方案。其实这是一种留在舒适区的阅读方法。在这个充满不确定性的年代，答案不会简单地出现在书里，因为生活根本就没有标准确切的答案，你也不能期望过去的经验能解决未来的问题。

而真正的阅读，应该在书中与智者同行思考，借他们的视角看到世界的多元性，提出比答案更重要的好问题，在不确定的时代中领先起跑。

湛庐阅读 App：与最聪明的人共同进化

有人常常把成本支出的焦点放在书价上，把读完一本书当作阅读的终结。其实不然。

时间是读者付出的最大阅读成本

怎么读是读者面临的最大阅读障碍

“读书破万卷”不仅仅在“万”，更重要的是在“破”！

现在，我们构建了全新的“湛庐阅读”App。它将成为你“破万卷”的新居所。在这里：

- 不用考虑读什么，你可以便捷找到纸书、电子书、有声书和各种声音产品；
- 你可以学会怎么读，你将发现集泛读、通读、精读于一体的阅读解决方案；
- 你会与作者、译者、专家、推荐人和阅读教练相遇，他们是优质思想的发源地；
- 你会与优秀的读者和终身学习者为伍，他们对阅读和学习有着持久的热情和源源不绝的内驱力。

下载湛庐阅读 App，
坚持亲自阅读，
有声书、电子书、阅读服务，
一站获得。

CHEERS

本书阅读资料包

给你便捷、高效、全面的阅读体验

本书参考资料

湛庐独家策划

- ✔ 参考文献
  为了环保、节约纸张，部分图书的参考文献以电子版方式提供
- ✔ 主题书单
  编辑精心推荐的延伸阅读书单，助你开启主题式阅读
- ✔ 图片资料
  提供部分图片的高清彩色原版大图，方便保存和分享

相关阅读服务

终身学习者必备

- ✔ 电子书
  便捷、高效，方便检索，易于携带，随时更新
- ✔ 有声书
  保护视力，随时随地，有温度、有情感地听本书
- ✔ 精读班
  2~4周，最懂这本书的人带你读完、读懂、读透这本好书
- ✔ 课　程
  课程权威专家给你开书单，带你快速浏览一个领域的知识概貌
- ✔ 讲　书
  30分钟，大咖给你讲本书，让你挑书不费劲

湛庐编辑为你独家呈现
助你更好获得书里和书外的思想和智慧，请扫码查收！

（阅读资料包的内容因书而异，最终以湛庐阅读App页面为准）

北京市版权局著作权合同登记号 图字：01-2022-0614

图书在版编目（CIP）数据

测试的力量 /（英）迈克尔·卢卡，（加）马克斯·巴泽曼著；车品觉译. -- 北京：中国财政经济出版社，2022.3

书名原文：THE POWER OF EXPERIMENTS
ISBN 978-7-5223-1190-6

Ⅰ. ①测… Ⅱ. ①迈… ②马… ③车… Ⅲ. ①企业管理—研究 Ⅳ. ① F272

中国版本图书馆 CIP 数据核字（2022）第 034634 号

责任编辑：郁东敏　　责任校对：胡永立
封面设计：ablackcover.com　　责任印制：张　健

测试的力量
CESHI DE LILIANG

中国财政经济出版社 出版
URL：http://www.cfeph.cn
E-mail:cfeph@cfemg.cn
（版权所有 翻印必究）
社址：北京市海淀区阜成路甲28 号 邮政编码：100142
营销中心电话：010-88191522
天猫网店：中国财政经济出版社旗舰店
网址：https：//zgczjjcbs.tmall.com
天津中印联印务有限公司印装 各地新华书店经销
成品尺寸：147mm×210mm　32开　7.25印张　186 000字
2022年3月第1版　2022年3月天津第1次印刷
定价：79.90元
ISBN 978-7-5223-1190-6
（图书出现印装问题，本社负责调换，电话：010-88190548）
本社图书质量投诉电话：010-88190744
打击盗版举报热线：010-88191661　QQ：2242791300